Los geht's

Endlich Winter

AF125199

ALLGÄUER ALPEN
40 SKITOUREN

ALLGÄUER ALPEN

40 SKITOUREN

Erfahrung teilen...

Unsere Autoren

Benedikt Kolkmann

Geboren und aufgewachsen in Norddeutschland konnte ich mit dem nahe gelegenen Meer wenig anfangen. Stattdessen wurde in mir durch Erzählungen, Urlaube und erste kleine Touren bereits in der Kindheit ein Interesse an den Bergen geweckt. Und die vielen verschiedenen Spielarten im Sommer wie Winter haben bis heute nicht ihren Reiz verloren!

In meiner Freizeit, aber auch durch die Arbeit als Bergwanderführer oder die Mitgliedschaft in der Bergwacht sowie mit der Arbeit an diesem Führer durfte und darf ich die Berge in vielen Facetten und mit ihren unterschiedlichen Gesichtern kennenlernen.

Felix Röder

Die perfekte eigene Linie – von allen Sportarten ist man der beim Skitourengehen am nächsten. Keine Wegvorgabe, keine vorgefertigten Straßen oder Trails, denen man folgen muss.

Geboren und aufgewachsen im Allgäu hatte ich bereits zu meinen Schulzeiten das Tourengehen für mich entdeckt, um diese Linien ziehen zu können.

Mittlerweile versuche ich die unterschiedlichen Disziplinen der vertikalen Sportwelt wie Klettern, Gleitschirmfliegen und Radfahren mit dem Tourengehen zu verbinden.

Inhalt

Tourenübersicht

40 Tourenziele
Alle Touren mit Dauer, Höhenmeter, Distanz & techn. Anspruch...... **10–13**

Übersichtskarte

Karte im Maßstab 1:200.000
Für die Planung der Anreise und die perfekte Übersicht der Region .. **14–15**

Endlich... geht es los!

Vorwort und Einführung
Wo die Reise hingeht und was du erwarten kannst **16–17**

Packliste

Endlich alle 7 Sachen zusammen
Alles was du auf deiner Skitour brauchst **18–19**

Verhaltenskodex

Endlich gern gesehen
So verhältst du dich richtig **20–21**

Grundwissen

Planung & Sicherheit, Skitouren-1x1 & Wetter
Das solltest du bei deiner Skitour wissen.. 22 – 27

Touren 1 – 40

Karte und Tourenbeschreibung
Dein Wegweiser zu den schönsten Touren .... 30 – 201

Unsere Skitouren-Hacks

Tipps, Tipps und Tipps
So erleichterst du dir das Skitourengehen .... 204 – 205

Endlich was Neues ausprobieren

Was gibt es noch?
Das alles kannst du in der Region noch erleben................................ 206 – 207

Von Vorteil für Mensch & Natur

Nachhaltigkeit
5 Tipps für nachhaltiges Skitourengehen .... 208 – 209

Impressum

Kleingedrucktes
Text & Bildnachweis.. 214 – 215

Endlich Feierabend

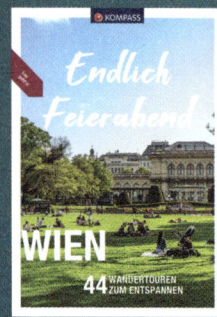

Endlich Erfrischung & Endlich Fahrtwind

Endlich aufs Wasser & Endlich Sonne

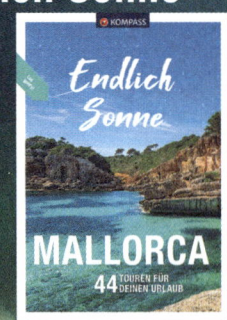

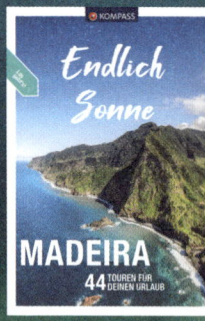

Endlich Wildnis & Endlich hoch hinaus

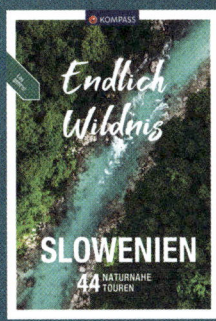

Entdecke mehr aus unserer neuen Reihe Endlich...

Vom Stand-Up-Paddleführer über Hüttenführern bis hin zu entspannten Feierabendtouren haben wir für jedes Vorhaben das Richtige. Wir motivieren dich, geben dir alle nötigen Informationen mit auf den Weg und zeigen dir worauf es ankommt, um perfekte Momente zu erleben. Schau doch mal auf unserer Website vorbei: www.kompass.at.

Endlich Hüttenzeit & Endlich Genuss

Tourenübersicht

TOUREN 1–10

01 **Alpgundkopf:** 6h, 1.400 hm, 16,3 km, **MITTEL**
Wenig bekannter Gipfel im „Powder Valley" des Allgäus **30**

02 **Bärenkopf:** 4h, 890 hm, 9,2 km, **LEICHT**
Der „Hidden Champion" in Baad mit nordseitiger Abfahrtsvariante.... **34**

03 **Bockkarscharte:** 6h, 1.600 hm, 22,5 km, **SCHWER**
Die Scharte des Allgäus neben Mädelegabel und Hochfrottspitze ... **38**

04 **Bschießer:** 3h, 970 hm, 10 km, **LEICHT**
Grenzberg zwischen Hinterstein und Tannheimer Tal **42**

05 **Eckhalde:** 2h, 680 hm, 3,4 km, **LEICHT**
Aussichtsreiche Eingehtour oberhalb des Großen Alpsees **46**

06 **Elferkopf:** 5h 30min, 1.280 hm, 15 km, **SCHWER**
Elferkopf und Elferrinne aus dem Wildental **52**

07 **Entschenkopf:** 5h 30min, 1.280 hm, 26,5 km, **MITTEL**
Vom Retterschwanger Tal auf den Entschenkopf............................ **56**

08 **Burstkopf:** 2h 30min, 650 hm, 9,2 km, **LEICHT**
Familien- und Einsteigertour über sanft geneigtes Gelände.............. **60**

09 **Derrarinne – Unspitze:** 3h 30min, 700 hm, 10 km, **MITTEL**
Gipfel im Abseits, Rinne ein Volltreffer... **64**

10 **Gaishorn:** 4h, 1.180 hm, 12,8 km, **MITTEL**
Paradeberg der Tannheiner Berge... **68**

Unsere Highlights

TOUREN 11–20

11 **Güntlespitze:** 6h, 1.400 hm, 20,7 km, **MITTEL**
Rundtour mit zwei rassigen Abfahrten über Schoppernau von der
Güntlespitze **72**

12 **Heubatspitze:** 3h 45min, 1.150 hm, 9,5 km, **MITTEL**
Im Winter selten begangen, aber bei den richtigen Bedingungen
lohnend.. **76**

13 **Hochgrat & Rindalphorn:** 5h 30min, 1.380 hm, 17,8 km, **MITTEL**
Der Hochgrat – variantenreicher König der Nagelfluhkette.............. **80**

14 **Hochstarzelrinne:** 3h 45min, 800 hm, 9 km, **SCHWER**
Steilabfahrt-Geheimtipp bei Baad **84**

15 **Hoher Ifen:** 4h 15min, 1.000 hm, 11,5 km, **SCHWER**
Skitour auf den Allgäuer Tafelberg.................................... **90**

16 **Karlstor:** 3h 30min, 980 hm, 9 km, **LEICHT**
Die Widderstein-Scharte für große Schwünge und „Powder"-Garantie.. **94**

17 **Kratzer:** 6h, 1.370 hm, 13,1 km, **SCHWER**
Nordseitige Traumabfahrt durch das Kratzerfeld zur Kemptner
Hütte.. **98**

18 **Lachenspitze:** 6h 30min, 1.300 hm, 13 km, **SCHWER**
Überschreitung der Lachenspitze vom Vilsalpsee **102**

19 **Laufbacher Eck:** 7h, 1.400 hm, 33 km, **SCHWER**
Lohnende, aber anspruchsvolle Überschreitung in imposanter
Kulisse **108**

20 **Nagelfluhkette:** 8–10h, 2.500 hm, 25 km, **SCHWER**
Überschreitung der gesamten Nagelfluhkette mit sechs
anspruchsvollen Abfahren **112**

Unsere Highlights

Unsere Highlights

Unsere Highlights

Tourenübersicht

TOUREN 21–30

21 **Ochsenloch:** 4h 30min–5h 30min, 1.000–1.200 hm, 10–12 km, **SCHWER**
Nordexponiertes Kar unterhalb des Mindelheimer Klettersteigs **118**

22 **Ponten:** 2h 30min, 900 hm, 9 km, **LEICHT**
Zurecht beliebter Skitouren-Klassiker im Tannheimer Tal **122**

23 **Rangiswanger Horn:** 3h, 790 hm, 7,4 km, **LEICHT**
Aussichtsreiche Klassiker-Tour an der Hörnerkette **126**

24 **Riedberger Horn:** 2h, 400 hm, 2,3 km, **LEICHT**
Die beliebteste Skitour des Allgäus und der Startschuss der
Tourensaison **130**

25 **Schochen:** 6h, 1.300 hm, 35 km, **MITTEL**
Klassische Frühjahrs-Tour auf den Schochen **134**

26 **Wannenkopf:** 3h, 850 hm, 10 km, **LEICHT**
Ruhigere Alternative zum häufig überlaufenen Riedberger Horn **138**

27 **Großer Widderstein:** 6h, 1.400 hm, 15,2 km, **SCHWER**
Mit alpinem Finale über die Südrinne auf den höchsten Gipfel im
Kleinwalsertal **142**

28 **Wildenfeldscharte:** 6h 30min, 1.300 hm, 25 km, **SCHWER**
Highlight im einsamen Oytal zwischen Großer und Kleiner Wilder .. **148**

29 **Steinmandl:** 4h, 850 hm, 17 km, **LEICHT**
Aus dem Schwarzwassertal auf das Steinmandl **154**

30 **Glasfelderkopf:** 8h, 1.700 hm, 35,9 km, **MITTEL**
Auf den Hausberg des Prinz-Luitpold-Hauses **158**

Unsere Highlights

Unsere Highlights

TOUREN 31–40

31 **Hochvogel:** 4h, 1.030 hm, 6,9 km, **SCHWER**
Der König der Allgäuer Allgäuer Alpen **162**

32 **Litnisschrofen – Krinnenspitze:** 5h, 1.330 hm, 18,1 km, **MITTEL**
Doppeltes Gipfelglück im Tannheimer Tal **166**

33 **Grünten:** 2h 30min, 860 hm, 8,9 km, **LEICHT**
Der Wächter des Allgäus **170**

34 **Großer Daumen:** 5h, 1.200 hm, 13,6 km, **MITTEL**
Beliebte Skitour aus dem Hintersteiner Tal **174**

35 **Iseler:** 2h, 670 hm, 3,9 km, **LEICHT**
Einsteiger-Skitour im Oberjoch **178**

36 **Walser Hammerspitze:** 4h 30min, 990 hm, 8,9 km, **MITTEL**
Ausweichtour bei viel Schnee im Kleinwalsertal **182**

37 **Großer Krottenkopf:** 6h, 1.550 hm, 18 km, **SCHWER**
Lange Bergtour auf den höchsten Berg der Allgäuer Alpen **186**

38 **Höferspitze:** 4h, 890 hm, 13 km, **MITTEL**
Von Baad auf die beliebte Höferspitze **190**

39 **Schneck:** 6h 30min, 1.400 hm, 26 km, **SCHWER**
Eindrucksvolle Skitour in den Allgäuer Hochalpen **194**

40 **Kanzelwand:** 4h, 1.000 hm, 9,5 km, **LEICHT**
Pistenskitour Plus **198**

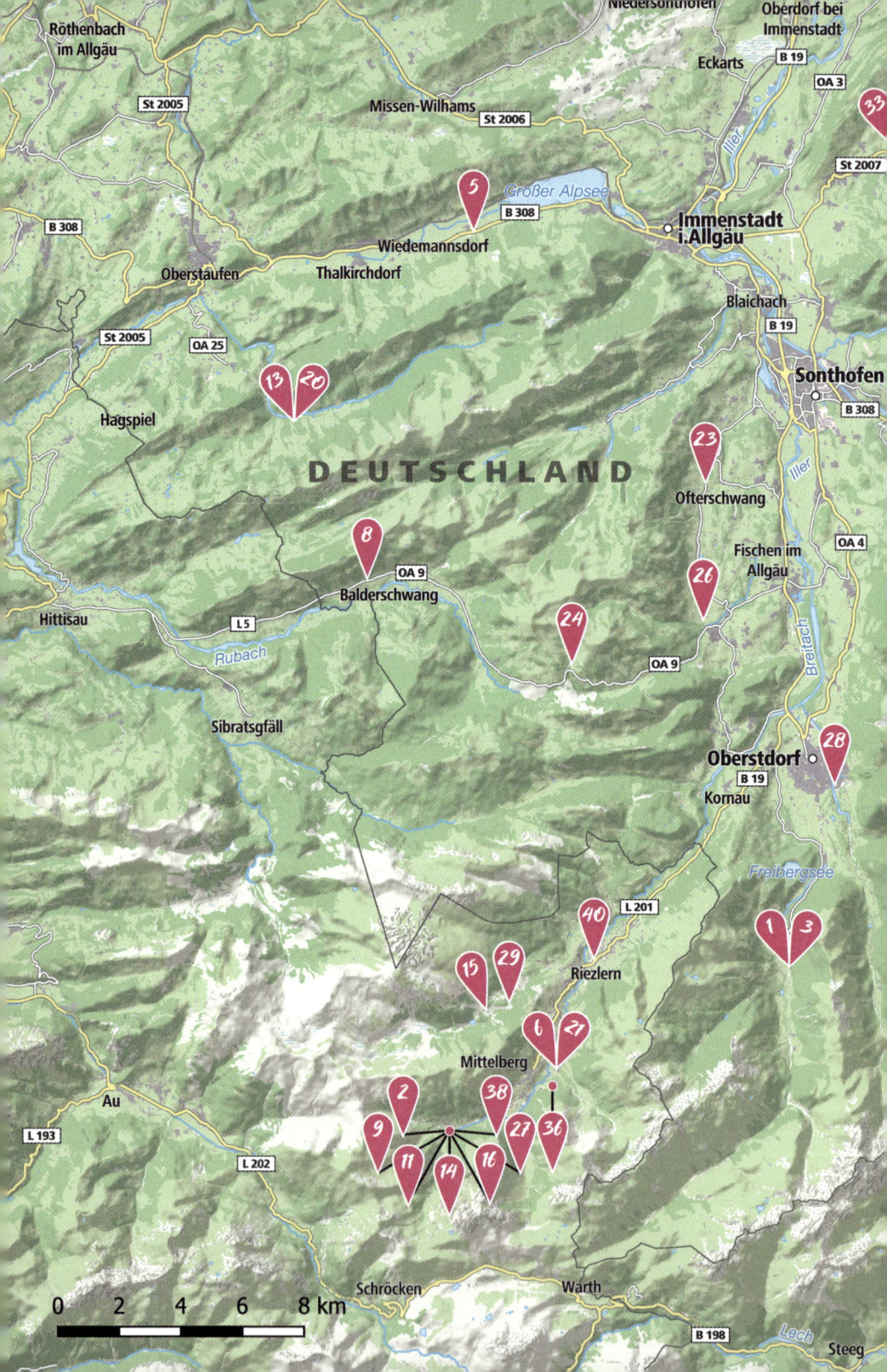

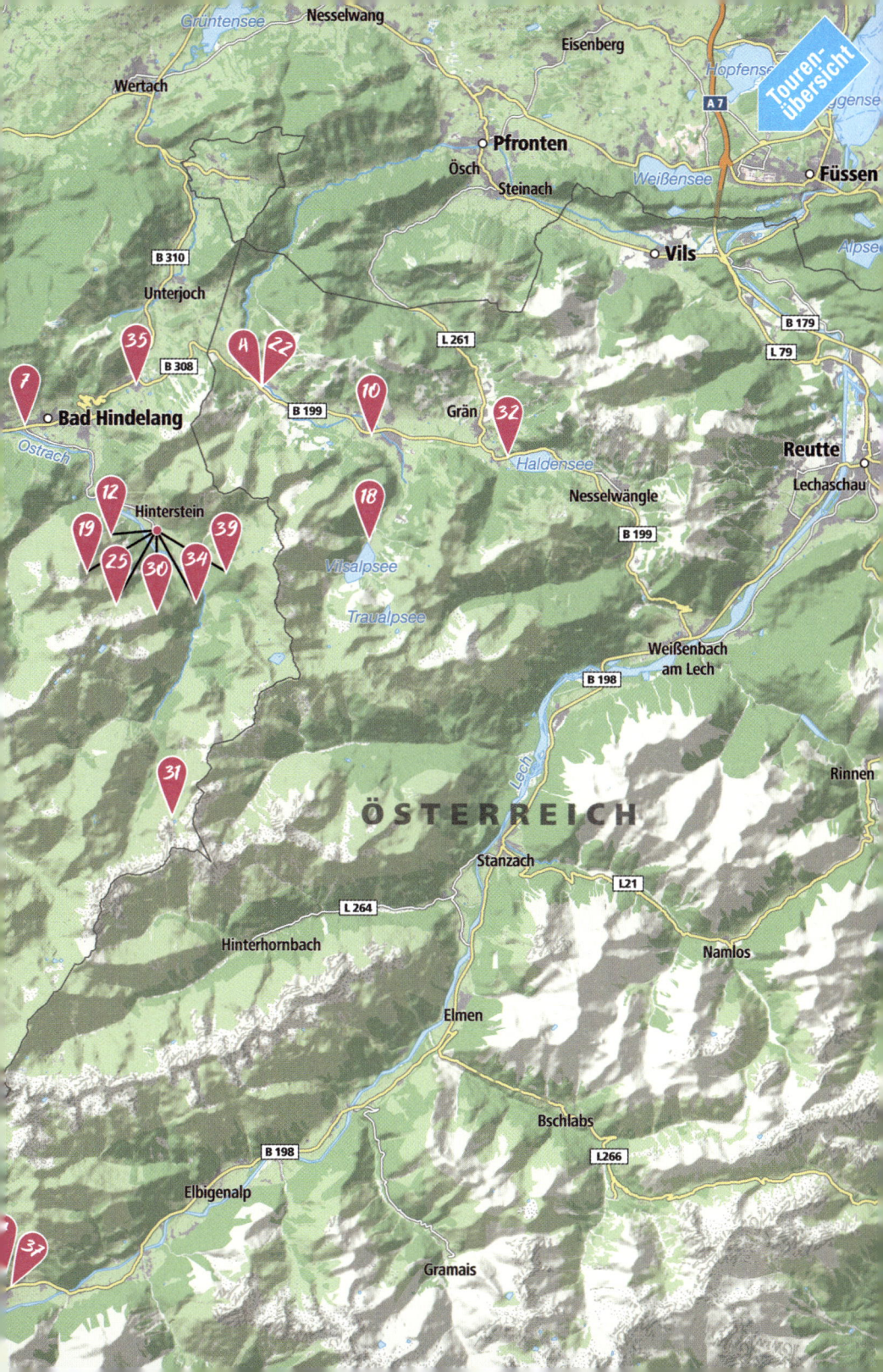

Endlich ...

geht es los!

---

40 SKITOUREN FÜR DICH

Willst du nicht auch endlich Winter? Dann nimm dir das Buch und los gehts! Mit unserer Tourenauswahl findest du auf jeden Fall die perfekte Skitour für dich. Wir nehmen dich mit zu den schönsten Skitouren in den Allgäuer Alpen vom Grünten bis ins Kleinwalsertal. Denn was könnte schöner sein, als ein winterliches Abenteuer im Allgäu?

Schon die Kelten haben das vielgestaltige Land zwischen dem Lech und dem Bodensee besiedelt und kultiviert. Die Römer gliederten es in ihre Provinz Rätien ein und im 3. Jahrhundert nahmen es die Alemannen in Besitz; sie rodeten die letzten Urwälder und betrieben Viehwirtschaft. Auch der Name „Albigauge", der im Jahre 817 zum ersten Mal in einer Urkunde auftaucht, weist auf eine Gegend mit Bergwiesen und Auen hin. Noch heute rückt die Tourismuswerbung die grüne Voralpenlandschaft in den Fokus, aber auch die Berge. Schon Sebastian Münster erwähnte das „Schneebirg" im Süden, die Allgäuer Alpen, in denen man ungefähr 175 Felsgipfel zählt und dazu 50 „Grasberge" – regionale Alpin-Kuriositäten, die Höhen bis zu 2.400 Meter erreichen, scharfe Zackengrate bilden und bis zu 70 Grad steile, bis oben hinauf bewachsene Steilflanken aufweisen. In allen anderen Himmelsrichtungen tut man sich mit der Abgrenzung des Allgäus nicht ganz leicht. Es ist nämlich keine staatliche Verwaltungseinheit und hat keine definierte geografische Begrenzung, sondern geht fließend in benachbarten Regionen über.

Einigkeit besteht nur über eines: Das Allgäu ist eine traumhaft schöne Landschaft, ein kleines Paradies für Einheimische und Gäste. Oder auf gut Allgäuerisch: „Im Himmel kas kaum scheener sei, wie im Allgäu bei eis – des seit dr Allgäuer und d'Preiß.". Also pack deine sieben Sachen ein, schnall die Ski an und dann heißt es „Endlich Winter!"

Endlich alle 7 Sachen zusammen

Deine Packliste

MATERIALCHECK

Das A und O beim Skitourengehen ist die Ausrüstung. Trotzdem solltest du nicht unnötigen Ballast mitschleppen, denn das erschwert dir den Aufstieg. Auch das richtige Packen ist gerade in Bezug auf die Lawinenausrüstung von großer Bedeutung, sodass du im Notfall schnell alles zur Hand hast. Damit du die wichtigen – aber nicht zu viele – Utensilien dabei hast haben wir dir hier noch einmal alles zusammengestellt:

- Ski/Splitboard, Skischuh, Felle, Stöcke
- LVS-Ausrüstung: LVS-Gerät, Sonde, Schaufel
- Helm, Sport- und Skibrille
- (Lawinen-)Rucksack
- Handy (für den Notruf)
- Wechselkleidung
- dünne (Aufstieg) und dicke Handschuhe (Abfahrt)
- Proviant & Getränke (mind. 1,5 Liter!)
- Erste-Hilfe-Set & Biwaksack
- Sonnenschutz (Brille, Hut/Cap, Sonnencreme)
- Kälteschutz (Mütze/Stirnband, Halstuch)
- KOMPASS-Outdoorkarte

Für anspruchsvollere bzw. Hochtouren solltest du Folgendes noch dabei haben:

- Harsch- und Steigeisen
- Kletterausrüstung: Hüftgurt, Seil, Karabiner, etc.
- Eispickel und Eisschrauben
- (Hütten-)Schlafsack und Stirnlampe bei Übernachtungen

Endlich gern gesehen

Verhaltenskodex

BEIM SKITOURENGEHEN

Immer mehr Menschen lassen sich von der Faszination des Skitourengehens in den Bann ziehen. So viele, dass man in immer mehr Regionen von „Overtourism" spricht und Ranger zur Überwachung einsetzt. Je mehr wir im Freien unterwegs sind, desto mehr Schaden trägt die Natur davon – außer wir gehen sanft mit der sensiblen Umgebung um. „Take nothing but pictures, leave nothing but footprints" – beherzige dieses Motto, dann steht deinem umweltschonenden Skitourenerlebnis nichts mehr im Weg. Um im Einklang mit der Umgebung unterwegs zu sein haben wir wichtige Tipps und einfache Grundregeln zusammengefasst.

Und das kannst du machen ...

01 **Befolge Bestimmungen:** Bleibe auf den üblichen, meist gespurten Routen, besonders in Waldgebieten. Vor allem im Wald sind Aufforstungen und der Jungwald zu schonen. Scharfe Skikanten können erhebliche Schäden anrichten.

02 **Respektiere Verbote:** Ausgewiesene Wildschutzzonen im Winter und Naturschutzgebiete, in denen Betretungsverbote bestehen, sind tabu. Solche Gebiete dürfen nicht betreten und mit Ski befahren werden. Wer sich nicht daran hält, muss mit saftigen Bußgeldern rechnen.

03 **Respektvoller Umgang untereinander:** Begegne anderen Tourengehern und Forstpersonal sowie Jägern und Landwirten stets freundlich und respektvoll, schließlich bist du Gast in dieser schönen Gegend.

04 **Vermeide unnötigen Lärm:** Achte auf Ruhezonen und bewege dich möglichst leise in der freien Natur.

05 **Respektiere den Lebensraum der Tiere:** Weiche Tieren unaufgeregt aus und halte Distanz bei Begegnungen.

06 **Halte die Umwelt sauber:** Hinterlasse keinen Abfall. Versuche dich bei Notdurft von Gewässern fernzuhalten und nimm Klopapier wieder mit ins Tal.

07 **Beachte die Schilder des Alpenvereins:** Mit runden grünen Schildern werden Skirouten markiert und natursensible Bereiche für den Skitouristen ausgeklammert. Solche Tafeln sind zwar keine rechtskräftigen Ge- oder Verbote, aber jeder vernünftige Bergfreund wird sich daran halten

08 **Befolge allgemeingültige Regeln auf der Skipiste:** Vor allem wenn Pisten gerade präpariert werden sind der Aufstieg und die Abfahrt strengstens verboten! Informiert euch am besten auf der Webseite des Skigebiets, ob Pistentouren erlaubt sind.

Grundwissen

Grundwissen

Skitouren

PLANUNG UND SICHERHEIT

Sicherheit: Sicherheit hat Vorrang gerade wenn es darum geht, eine unvergessliche Tour zu erleben. Bevor du aufbrichst solltest du dich genau mit deinem Vorhaben befassen. Je nach Tour die du planst solltest du die folgenden Faktoren checken und berücksichtigen: Lawinensituation, Hangneigung, Exposition, Geländeformen, Wetter, Ausrüstung, dein Können und das Können der Gruppe sowie deine Fitness. Passe deine Tour den Bedingungen an und gehe kein Risiko ein – eine Tour ist erst zu Ende, wenn du sicher zu Hause bist. Nur so werden aus deinen Erlebnissen Geschichten, an die du dich gerne erinnerst. Wenn dir das alles noch nichts sagt, solltest du zuerst das Angebot von Kursen in Anspruch nehmen. Ein kurzes Video oder Theorie lesen ist kein Ersatz für eine professionelle Schulung. Nimm dir die Zeit dafür, damit investierst du in deine Sicherheit. Vor allem der Alpenverein stellt viele nützliche Informationen zur Verfügung, wie zum Beispiel die „Stop or Go"- Methode.

Gefahren: Im winterlichen Gebirge lauern vielfältige Gefahren, vor allem Lawinen werden leider oft falsch eingeschätzt. Auf ein gesundes Gespür und langjährige Erfahrung kann man sich nicht immer verlassen. Deshalb sind die aktuellen Informationen des Lawinenwarndienstes unerlässlich. Trotzdem sollten wenig erfahrene Tourengeher auf den Rat von „alten Hasen" hören, aber auch ihnen mit einem gewissen Misstrauen begegnen. Ganz ohne Risiko ist Tourengehen nicht möglich. Bei den Routenbeschreibungen wird zwar bei jeder Tour auf die typischen Risiken hingewiesen, doch hängt viel von der jeweiligen Situation ab.

Notruf bei Unfällen: Im Falle eines Unfalls haben Ruhe bewahren und überlegtes Handeln oberste Priorität. Erst einen Überblick über die Situation verschaffen, dann wird mit der europaweit gültigen Notrufnummer 112 ein Notruf abgesetzt. Funklöcher oder kein Handy erfordern das alpine Notsignal mittels Rufen, Pfiffen oder Licht: Alle zehn Sekunden eine Minute lang ein Signal, dann eine Minute Pause, dann wieder alle zehn Sekunden eine Minute lang ein Signal geben. Zudem sollten Erste-Hilfe-Maßnahmen durchgeführt werden, falls möglich.

Lawinenwarndienst: Der Lawinenwarndienst dient dem vorbeugenden Katastrophenschutz und ist bei mehreren Ministerien, wie zum Beispiel dem Umweltministerium, angesiedelt. Mit Hilfe der örtlichen Lawinenkommissionen wird im Winter täglich ein aktueller Lawinenlagebericht herausgeben. Den Lagebericht für Bayern findest du hier:

lawinenwarndienst-bayern.de

Europäische Lawinengefahrenskala: In Europa gibt es seit 1993 eine einheitliche Bewertungsskala für die Einschätzung der Lawinengefahr. Die fünf Gefahrenstufen werden durch die Parameter Auslösewahrscheinlichkeit, Schneedeckenstabilität, Häufigkeit, Verbreitung der Gefahrenstellen und Lawinengröße bestimmt. Die Gefahrenstufe gilt nicht für einen Einzelhang, sondern eine größere Fläche. Da die im Lawinenbericht beschriebene Gefahrenstufe nur eine Prognose ist, die mit Unsicherheiten behaftet ist, muss die Lawinengefahr immer vor Ort geprüft werden.

Gefahrenstufe		Schneedeckenstabilität	Lawinen-Auslösewahrscheinlichkeit
5	sehr groß	Die Schneedecke ist allgemein schwach verfestigt und weitgehend instabil.	Spontan sind viele sehr große, mehrfach auch extrem große Lawinen zu erwarten, auch in mäßig steilem Gelände.
4	groß	Die Schneedecke ist an den meisten Steilhängen* schwach verfestigt.	Lawinenauslösung ist bereits bei geringer Zusatzbelastung** an zahlreichen Steilhängen* wahrscheinlich. Fallweise sind spontan viele große, mehrfach auch sehr große Lawinen zu erwarten.
3	erheblich	Die Schneedecke ist an vielen Steilhängen* nur mäßig bis schwach verfestigt.	Lawinenauslösung ist bereits bei geringer Zusatzbelastung** vor allem an den angegebenen Steilhängen* möglich. Fallweise sind spontan einige große, vereinzelt aber auch sehr große Lawinen möglich.
2	mäßig	Die Schneedecke ist an einigen Steilhängen* nur mäßig verfestigt, ansonsten allgemein gut verfestigt.	Lawinenauslösung ist insbesondere bei großer Zusatzbelastung**, vor allem an den angegebenen Steilhängen* möglich. Sehr große spontane Lawinen sind nicht zu erwarten.
1	gering	Die Schneedecke ist allgemein gut verfestigt und stabil.	Lawinenauslösung ist allgemein nur bei großer Zusatzbelastung** an vereinzelten Stellen im extremen Steilgelände* möglich. Spontan sind nur kleine und mittlere Lawinen möglich.

Europäische Lawinengefahrenskala (2018/19) Datenquelle: www.avalanches.org

* Das lawinengefährliche Gelände ist im Lawinenlagebericht im Allgemeinen näher beschrieben (Höhenlage, Exposition, Geländeform):
• mäßig steiles Gelände: Hänge flacher als rund 30 Grad
• Steilhänge: Hänge steiler als rund 30 Grad
• extremes Steilgelände: besonders ungünstig bezüglich Neigung (steiler als rund 40 Grad), Geländeform, Kammnähe und Bodenrauigkeit.

** Zusatzbelastung:
• gering: einzelner Skifahrer/Snowboarder, sanft schwingend, nicht stürzend; Schneeschuhgeher; Gruppe mit Entlastungsabständen (>10m)
• groß: zwei oder mehrere Skifahrer/Snowboarder etc. ohne Entlastungsabstände; Pistenfahrzeug; Sprengung.

spontan: ohne menschliches Zutun

Grundwissen

Skitouren

TOUREN-1×1 & WETTER

Die Klassifizierung der Touren ist als Richtwert zu verstehen. Schätze dein Können und deine Kräfte realistisch ein und richte deine Tourenauswahl danach aus. Habe vor allem den Mut eine Tour auch abzubrechen, wenn die Voraussetzungen ungünstig sind. Für mehr Infos bietet die „SAC-Skitourenskala" eine gute Grundlage zur Bewertung der Schwierigkeitsgrade. Gerade im deutschsprachigen Raum wird sie oft verwendet. Der im Tourencharakter genannte technische Anspruch bezieht sich dabei nur zum Teil auf die Länge und Höhenmeter einer Tour.

LEICHT: Die Tour verläuft vorrangig auf freien Hängen oder Forststraßen und die Hänge sind meist nicht steiler als 25°. Es besteht kaum Rutschgefahr, da die Tour wenig ausgesetzt ist und die Geländeformen weich und hügelig sind. Die Aufstiegstechnik einschließlich Spitzkehren und das Abfahren im Tiefschnee sind Grundlagen des Skitourengehens und sollten auch schon hier beherrscht werden.

MITTEL: Touren dieses Schwierigkeitsgrads erfordern eine gewisse Skitourenerfahrung. Man muss die richtige Route selbst wählen und eine Aufstiegsspur anlegen können. Alpine Gefahren müssen eingeschätzt werden können und die Hänge sind bis zu 35° steil. Auf der Tour kann es kurze Steilstufen und Engpässe geben. Die Tour ist eventuell ausgesetzt und kurze Rutschwege sind möglich, bei denen Verletzungsgefahr besteht.

SCHWER: Auch schwieriges Gelände muss korrekt taxiert werden können. Dazu gehört das geschickte Anlegen einer Aufstiegsspur ebenso wie das Abschätzen der richtigen Abfahrtsroute auch in unübersichtlichem Steilgelände von mehr als 40° Neigung. Eine absolut sichere Aufstiegs- und Abfahrtstechnik in jedem Gelände und bei jedem Schnee sollten selbstverständlich sein. Es kann Engpässe und mehrere Hindernisse geben. Durch die Ausgesetztheit der Tour besteht Lebensgefahr beim Abrutschen.

Wetter: Das Wetter spielt eine entscheidende Rolle. Bei schlechter Sicht (Nebel oder Schneefall) sollte nicht über die Baumgrenze hinaus gegangen werden. Im monotonen Weiß in Weiß kann selbst bekanntes Gelände zu einem Irrgarten werden. Auf alte Spuren kann man sich nicht verlassen (auch nicht auf die eigene). Wind und Schneefall können Spuren im Schnee in Minutenschnelle verschwinden lassen. Abbrüche, Wechten und andere Gefahrenbereiche sind im Nebel schwer oder gar nicht zu erkennen. Auch Lawinenhänge können nicht eingeschätzt werden und besonders genussreich sind Abfahrten im Nebel auch nicht, vor allem, wenn man nicht mehr erkennen kann, ob ein Hang gerade abfällt oder steigt.

TOUREN 01 – 40
BESCHREIBUNGEN

In der Ewigkeit
Hinterenge
1034
Müllers Alpe
P Klammstüble 991
Ochsenhöfle 1288
Höllwieslift (außer Betr.)
Huberles Schwand
Kletterwald Söllereck
933
Freiberghöhe
Seeblick
Freiberg 984
P

Fuchslochalpe
201
Söllis Kugelrennen
Schönblick 1345
Strandcafé
Bergschau-Info
Freibergsee
Zimmerei
Rollerbahn
Heini Klopfer Skiflugschanze
Bergschau-Info
Dr. Schonzewiert.

Waldhaus
Waldhausbrücke 1089
Wald
Alpe Schrattenwang 1402
Berghaus am Söllere 1445
1422
Sattelkopf
Schartenkopf 1278
Hochleite 1185
Hochleite

Walser Alpele
Amansalpe 1344
Söllereck 1706
Hochleite
Schwand
Himmelschro (verf.)
1673
Himmelsc
17

Unter-
Maria Hilf
Westegg
Innerwesteggalpe
Schwand Mittelalp 1350
(Alpsennerei)
1925
Sölleralpe 1522
Schwand
Stundenstein
Wildfütterung
St. Wendelinkapelle

Ober-
Riezlern
Bergstüble 1240
Wildruhegebiet im Winter
Söllerkopf 1940 NSG
Schlappoldkopf 1968
Ringang 1022
Ebene
Laiter

Riezler Alpe 1526
NSG
Schlappoldsee 1800
Alpe Schlappold
1358
Schlappoldbach
Schlappoldhöfle
Laiter
Fellhornstuben
P H P
Faistenoy

Fellhorn 2038
Hinterberg
Restaurant Fellhorn
1780
Fellhornbahn I
Fellhornbahn II
Schlappoldsee
Anatswald

Gehrenspitze 1857
Fellhorn-Gipfelstation (Bergschau-Info)
Fellh.-Gipfelb.
1967
Bergwachthütte
1800
Fellhornbahn II
(nur Wi)
s'Urbar
Schwendhütte 1548
Kanzelwandhaus
Diensthütte 1269
Stollen
stündl. Busverbindung (saisonal)
Brandrucken

Obere Bierenwang-alpe 1737
(nur Wi)
(nur Wi)
NSG
Möseralpe
Jagdhaus Höflealpe 1336
Warmatsgundtal
Gundsbach
LEITERSBERG

Riezler Alpsee
Gundkopf 1949
Gundsattel
Untergern
Obergern
Warmatsgundalpe
Gundsberg 1582
Gundsbergalpe
980

Adlerhorst 1880
Panoramarast. Kanzelwand (Bergschau-Info)
2058
Wankalpe (verf.) 1378
Katzen-kopfe
Schartenkopf 1812
Birgsau
Birgsauer Hof
Eschbachalpe

Kanzelwand (Warmatsgundkopf)
Obere Falkhalde
Roßgundalpe (verf.)
1977
Jagdhaus 1401
Griesgund

1972
Griesgundkopf
2164
2177 Alpgundkopf
Scheidbichel 1511
Einödsberg 1555
1589
Hintere Einödsbe

Walser Hammerspitze 2170
Kühgundalpe 1745
Alpgundscharte
Gleygund
1114
1127
Einödsbach
Buchenrainalpe
1174
Bacher Alpe

Hochgehrenspitze 2251
Wannenalpe (verf.) 2260
Oberstdorfer Hammerspitze
2139
Roßgundkopf 2005
2102
Alpkopf
Kühgund
Guggersee
Berggasth. Einödsbach
Holtt

nur für Geübte
Fiderepasshütte
2033
Fiderepass
2070
2214
Fiderescharte
Roßgundscharte
Roßgund
1727
Vordere Taufersbergalpe

Vordere Wildenalpe 1674
Ochseriloch
Nördlicher Schafalpenkopf 2320
Saubuckel
1721

Schafalpenköpfe
Mittlerer Schafalpenkopf 2302
Großer Wanne
Taufersbergalpe
Scheidbichel 1681
Breitengehrenalpe 1156
Jausenstation Petersalpe 1296
Heubaum 1779

Südlicher Schafalpenkopf 2272
Schmalzhalde
Vorderberghöfle
Känzele 1774
1780
Enzianhütte 2073
Auf dem oberen Kletterpl

Rappenalptal
Linkersalpe (verf.)
0 500m

Waltenberger Haus,

Skitour

Alpgundkopf

Wenig bekannter Gipfel
im „Powder Valley" des Allgäus

DAUER	6h
LÄNGE	16,3 km
HÖHENMETER	1.400 hm
TECHN. ANSPRUCH	MITTEL
EXPOSITION	Nordwesten

Das erwartet dich ...

Das Warmatsgundtal ist ein abgelegenes Seitental des Stillachtals und bietet für Skitouren beste Bedingungen. Fernab des Trubels rund um die Fellhornbahn findet man hier grandiose und oft unverspurte Tiefschneehänge. Um in den hinteren Talkessel zu gelangen muss man circa 1½ Stunden investieren. Belohnt wird man aber mit vielen Möglichkeiten und teils technischen Abfahrtsvarianten. Der Aufstieg zum Alpgundkopf ist eine der lohnendsten Touren des Gebiets.

Start & Ziel & Anreise

Start- und Endpunkt der Tour ist der Wanderparkplatz Faistenoy im Stillachtal bei der Fellhornbahn. An Oberstdorf vorbei folgt man der Fahrstraße bis in den südlichsten Punkt Deutschlands, welcher mit öffentlichem Verkehr befahrbar ist. Oberstdorf selbst ist gut ans Netz der Deutschen Bahn angeschlossen. Eine gut frequentierte Buslinie bringt Tourengeher und Tourengeherinnen unkompliziert zum Start der Tour.

Tourenbeschreibung

Für die ersten 200 Höhenmeter folgen wir der Schlappold-Abfahrt des Fellhorn-Skigebiets. Bei guter Schneelage biegt man ab hier auf den Sommerweg ab, welcher bis auf eine Höhe von 1.340 m auf den oberen Fahrweg des Tals trifft und immer oberhalb des Warmatgundbachs das Tal hinaufführt. Bei niedriger Schneehöhe folgt man der Abfahrtsstrecke bis zur Mittelstation der Fellhornbahn und biegt dann auf den Fahrweg des Tals ein. Diesem folgen wir flach ungefähr zwei Kilometer, um danach den hinteren Talboden zu queren und südöstlich von Alpgundkopf und Griesgundkopf aufzusteigen.

Zu Beginn steigen wir für circa 350 Höhenmeter ab dem Talboden einen sanften, leicht bewaldeten Hang hinauf, um ab der Höhe von 1.730 m in die immer steiler werdende Scharte zwischen Roßgundkopf und Alpgundkopf aufzusteigen. In der

Scharte auf rund 2.050 m Höhe lassen wir unsere Ski zurück, um die letzten hundert Höhenmeter in leichtem Felsgelände auf den Gipfel zurückzulegen.

Die Abfahrt erfolgt entlang der Aufstiegsspur zurück in den Talboden und auf dem Fahrweg Richtung Fellhornbahn. Für den Rückweg bleiben wir auf der Fahrstraße und legen die letzten 400 Abfahrtsmeter auf der gut präparierten Talabfahrt des Skigebiets zurück.

Anfangs geht es entspannt einen bewaldeten Hang hinauf

Ifersguntalpe
Bärenköpfle 1600 1702
Auenhütte
Heuberg-Sesselb
Wild rühegebiet im Winter
Rauhewald
Geißbühel
Auenalpe
Hirschegg
Jhtt.
Herzsee
Untere Walmendingenalpe 1424
Sölleralpe
Speichersee
Rohr
Tobe
Alpe Galtöde Melköde 1346
Trichter 1340
Gletschermühlen
Knechtsalpéle
Obere Walmendingeralpe 1585
Heuberg 1795
Sonna Alp
Zafernalm
Ahorn
Alpen blick
Zollhütte
Schwarzwasserhütte 1620
Schwarzwasseralpe
1598
Galtochsenhofalpe
Melköchsenhöfalpe
Walmendinger Horn
Schreckenmäher 1990
Gipfelstuba
Walmendingerhornbahn
Zafernalpe
Heubergalpe
Mittelber 1215
Ochsenhofer Köpfe
Muttelbergscharte
Muttelbergkopf 1989
Gipfelstuba 1940
Geo-Aussicht-A-plattform
Max'Hütte
Schwendle
1850
Ochsenhofer Scharte
1950
Litzscharte
Obere Lüchlealpe
Muttelbergalpe
Alpsennerei Stutzalpe 1500
Siguntalpe
Stütze
1867 Starzeljoch
1678 Starzelalpe 1678
Innere Stierhofalpe
1571
Untere Lüchlealpe
Bühlalpe 1435
Hennenalpe
Café Alpenwald
Erlenboden
Beachvolleyball
Außerbödmen
Hochstarzel 1974
Innere 1386
Türaalpe
Äußere
Vorderboden 1229
Alpenwald
Gemstelboden
Innerbödmen
Brunnenberg
Unspitze 1926
Starzelhaus
Baad 1244
Durabach
201
Breitach
Sattelalpe (verf.)
Bärenweide
Wild ruhegebiet im Winter
Untere Spitalalpe
Obere Spitalalpe
Untere Derrahütte 1300
Zügalpe
Bärenweidealpe
Tonisgemstelalpe 1239
Derrajoch
Mittlere Spitalalpe 1580
Eggalpe
1289 Äußere
Derraköpfle 1813
Ob. Derra-Alpe
Widdersteinalpe
Alpe Widderstein
Jhtt.
2083 Bärenkopf
Feuersteinmäher
Bemhards Gemstelalp 1300
Gemstel-Schönesbodenalpe 1310
Wannenberg 1830
Bärgunt-Hütte 1408
Hintere Gemstelalpe 1320
Untschenjoch 1854
Stierlochalpe 1516
Jhtt.
Kleiner Widderstein 2236
2130
Hinterüntschenalpe
Gamsfuß 1990
Großer Widderstein 2533
Karlstor
Obere Gemstelalpe 1694
Sterzerhu
Älpelekopf 2170
Älpele
1722
Hochalpsee
Nur für Geübte!
Gemstelpass 1971
Kobla
Gemstelkoblac
Heiterberg 2192
Weißer Schrofen 2140
Seekopf 2039
Hochalp-Alpe 1938
Widdersteinhütte 2009
Schärtle
Riesengrindalpe (verf.)
Höferspitze 2131
Hochalppass
Krumbacher Halde
Gerichtsstätte
1800
Bélseggalpe (verf.)
Sonnenberg
Obere
Untere Widdersteinalpe
Untere Hot. Adler 1666
Hochkrumbach
Tschirggen
Hirschgehren
Züge 1540
Sulzalpe Jhtt.
Höferbergalpe
Hochtannbergpass
1676
Käsestraße
200
Weltfriedenskreuz 1700
Unterkrumbach
Kucheralpe
Jägeralpe
Käsestraße
1562
200
Wald
Alp Halde
Schwarid
Untere Schlösse
Joch
Seebach
Rest. "S1"
Körbalpe
Kälbelesee
Holzbodenalpe
Jägeralp-Express (nur Wi)
Lucheralpe
Oberboden
Neßlegg
Witelealpe
Holzschopf
Pflanzenschutzgebiet
Tannberg
Saloberkopf 2043
Krumbachbahn
Hochalpbahn
Warthhorn-Express (nur Wi)
Punschhütte
Steffis
Stutz
Schmitte
Neßlegg
Villa Schäschl
Oberwaldalpe 1367
Schröcken 1269
Berghotel Körbersee
Körber Stieralm
Saloberalpe (nur Wi)
Hochalphütte
Krumbacher A. 1936
Karhornbahn
Steffisalp-Ex
02

.02

Skitour

Bärenkopf

Der „Hidden Champion" in Baad mit nordseitiger Abfahrtsvariante

DAUER	4h
LÄNGE	9,2 km
HÖHENMETER	890 hm
TECHN. ANSPRUCH	LEICHT
EXPOSITION	Norden

Das erwartet dich ...

Umgeben von einigen der beliebtesten Skitouren des Allgäus ist der Bärenkopf ein eher unbekannter Champion. Der unscheinbare 2000er bietet einen perfekten Überblick über das Tourengebiet Baad. In direkter Nachbarschaft zu Kleinem und Großem Widderstein und mit Ausblick auf die Klassiker-Touren Höferspitze, Güntlespitze und Grünhorn verheißt die nordseitige Abfahrt auch bei Altschnee oft noch pulvrige Bedingungen.

Skitour

Start & Ziel & Anreise

Tourenstart ist der große Wanderparkplatz in Baad. Die südlichste Spitze der Enklave Kleinwalsertal erreicht man nur über Norden auf der B 19 vorbei an Immenstadt und Sonthofen. Vor Oberstdorf hält man sich rechts Richtung Riezlern und folgt von hier der Straße bis in das kleine Bergdorf. Großräumige Parkmöglichkeiten und gute Busanbindung von Riezlern bis Baad.

Tourenbeschreibung

Baad ist Ausgangspunkt vieler Top-Touren und bietet allen Tourengehern vielfältige Möglichkeiten. Dementsprechend frequentiert sind die klassischen Touren. Wer hier etwas Ruhe und Abgeschiedenheit, einen einfachen, der Sonne ausgerichteten Aufstieg und eine oft überraschend pulvrige Nordabfahrt sucht, wird vom Bärenkopf garantiert nicht enttäuscht.

Vom Parkplatz startend folgt man dem präparierten Weg das Bärgunttal hinauf. Nach 600 Metern hält man sich auf dem oberen Weg, der das Tal weiter hinaufführt, verlässt diesen aber nach weiteren 800 Metern linker Hand dem Sommerweg folgend. Bis knapp oberhalb von 1.600 m Höhe teilt man sich die Aufstiegsspur mit der Tour in das Karlstor, biegt dann aber in einen leicht bewachsenen, südwestseitigen Hang ein. Nach ungefähr hundert Höhenmetern quert man den Hang oberhalb des kleinen Waldgebiets und orientiert sich danach am Sommer-

weg hoch auf den unscheinbaren Gipfel des Bärenkopfs. Bei firnigen Frühjahrs-
bedingungen ist dieser südwestseitige Aufstiegshang eine Abfahrtsvariante.

Westseitig Richtung Gemsteltal begrenzt eine Wildschutzzone die Abfahrtsmög-
lichkeiten. Bei sicheren Bedingungen kann vom kleinen Gipfelkreuz mäßig steil
direkt nordseitig abgefahren werden. Da der Hang vor der Sonne geschützt ist
hält sich hier gute Schneequalität oft überraschend lange. Bei dieser Variante wird
auf 1.700 m Höhe der Hang Richtung Osten gequert und das kleine Waldgebiet
durch eine der Schneisen abgefahren. Hier definitv immer ostseitig halten und
nicht mehr nordseitig abfahren. Man gelangt zurück auf den präparierten Aufstiegsweg und kann diesen ohne Mühe bis nach Baad abfahren.

Der Großer Widderstein im Hintergrund

03

Skitour

Bockkarscharte
Die Scharte des Allgäus
neben Mädelegabel und Hochfrottspitze

DAUER	6h
LÄNGE	22,5 km
HÖHENMETER	1.600 hm
TECHN. ANSPRUCH	SCHWER
EXPOSITION	Nordwesten

Das erwartet dich ...

Wird von DER Scharte im Allgäu gesprochen, geht es um die Bockkarscharte zwischen Hochfrottspitze und Bockkarkopf. Vorbei am Waltenberger Haus bietet der nordwestseitig ausgerichtete Hang perfektes Skigelände im oberen Bereich für 600 Höhenmeter. Die 45- bis 50-Grad-Steilstufe vom Bacherloch in das Bockkar verlangt technisch sicheres Skifahren und zumeist den versierten Einsatz von Pickel und Steigeisen.

Start & Ziel & Anreise

Start- und Endpunkt der Tour ist der Wanderparkplatz Faistenoy im Stillachtal bei der Fellhornbahn. An Oberstdorf vorbei folgt man der Fahrstraße bis in den südlichsten Punkt Deutschlands, welcher mit öffentlichem Verkehr befahrbar ist. Oberstdorf selbst ist gut ans Netz der Deutschen Bahn angeschlossen. Eine gut frequentierte Buslinie bringt Tourengeher unkompliziert zum Startpunkt.

Tourenbeschreibung

Die Strecke vom Wanderparkplatz in Faistenoy nach Einödsbach schlängelt sich 4,5 Kilometer und 200 Höhenmeter das Rappenalptal hinauf. Zu empfehlen ist es, diesen ersten Abschnitt mit dem Fahrrad auf dem meist gut geräumten Zufahrtsweg zum Berggashof Einödsbach zurückzulegen. Ab dem Gasthof steigen wir immer entlang des Bacherlochbachs für weitere 3,5 Kilometer und 650 Höhenmeter bis in den hintersten Punkt des Tals, das Bacherloch, auf.

Der steile Felsaufschwung zum Waltenberger Haus wird im Winter nicht über den in den Fels gesprengten Wandersteig bezwungen, sondern über die rechts davon liegende Rinne. Diese kann teils stark vereist und dadurch recht anspruchsvoll werden. Daher sind Pickel und Steigeisen als weitere Ausrüstung bei dieser Tour unerlässlich. Auf 1.900 m Höhe steigen wir aus der circa 100 Höhenmeter langen Rinne aus in das offene und freie Skigelände des Bockkars. Am Waltenberger

Haus vorbei steigen wir für 600 Höhenmeter bis zur Scharte auf. Wir überqueren den Felsriegel unterhalb der Hochfrottspitze, dem höchsten deutschen Gipfel der Allgäuer Alpen und genießen auf seiner Südseite die Sonne.

Für die Abfahrt folgen wir der Aufstiegsspur zurück zur Steilstufe. Geübte Skifahrer können diese abfahren und folgen weiter der Spur durch das Bacherloch nach Einödsbach.

Autoren Tipp

Insgesamt überwinden wir bei der Tour in die Bockkarscharte 1.600 Höhenmeter. Wer diese auf zwei Tage aufteilen möchte oder den Übergang für weitere Touren im benachbarten Lechtal nutzen möchte, kann hierfür auf den gemütlichen Winterraum des Waltenberger Hauses zurückgreifen. Dieser ist geräumig und gut ausgestattet und befindet sich unter der großen Sonnenterrasse. Da die Hütte nur per Helikopter versorgt werden kann wird nicht wie sonst üblich mit Holz geheizt, sondern es steht eine Gasheizung mit Kochmöglichkeit zur Verfügung.

04

Buchel Alpe 1241
Unterjoch
Rehbach
Pfrontner Wald
Schönkahle
Steineberg
Obergschwend
In der Bränte
Landhotel Rehbach 1072
Hotzenberg 1233
Sonnenhanglift-Holzenbauer
Pirschlin
Unterm Heigele
Krummenbacher Berg
Geigerbühel
Moorweiher
1298
Vilsfall
Kappler Berg
Wiesler Berg
1465
Jhtt.
Krummenbach 1091
Vils-Stausee
310
Obere Schwandalpe
Untere Schwandalpe
1175
Oberjoch-pass
199
Steig 1066
Kappl 1058
Frickler Berg
Wiesler B.
Haldenberger Alpe
Ornach 1543
Am Schedler
308
Brentenkopf
Ruhegebiet Steiglerloch im Winter
Wies 1074
Fricken
Ruhegebiet Halde-Steinbichl
Wildgehege
Deutsche Alpenstraße
Kiosk
Am Wiedhag
Grenzwiesbahn
Hintere Wiedhagalpe
Schattwald 1111
Haus Schattwald (DAV)
Marienkapelle
1300 Zugspitzblick
Obere-Wildfütterung
Kematsriedalpe
Oberjoch
Erlebnissennerei
Moorbad
Oberjoch
Meckatzer Sportalp
Wiedhag
Wiedhagalpe 1441
Bergzeit
Zöblen 1087
Kinderhotel
Hochpaßhaus
Mattlihaus 1252
Gundalpe
Speichersee
1707
Kühgundrücken
Wannenjochbahn
Jochstadl 1570
Wannenjochbahn
Katzensteig
Halde Untere
Gsendalpe Ochsenbergalpe
Untere Ochsenalpe
Iselerbahn
1852 1881
Kühgundspitze (Wannenjoch)
Jhtt.
Flegelmühle
Fischteich
Palmenberg 1463
Obere Ochsenalpe 1463
Iseler Platz-Hütte
Iseler
1907
Kühgundkopf
1313
Rohnenlift
Höfer Alpe
Bischofsmann 1653
Stuiben-Sennalpe 1403
Jhtt.
Schutz-hütte
Ruhegebiet Höfersee-Älpele im Winter
1600
1862 1876
1811
1534
Zipfelsalpe
Dresenberg
1782
Stuibenalpe
Auf den Schlägen
Melk Jhtt.
1998
Rohnenspitze 1990
Rohnenschrofen
Alpele 1526
Bei den Brunnen 1830
B'schießer (Bscheißer)
2045
Ponten
Bergwacht-hütte
Zipfelschrofen
Zipfelsbach-Wasserfall
Stuibenkopf
Güntle
Zirleseck 1872
Schnurschrofen
1900
Hinterstein
Naturbad Prinze-Gumpe
Köpfle
Auf der Höh
Wildfräuleinstein
Bachholz
Willersalpe
Feldalpe
Zererköpfle
1948
Feldalpe
Bergblick 866
Kutschenmuseum
Wechs
1459
Auf den Sätzen 1444
1703
Älpele
Alpelesbach
Alpelestal
Elperberg
Auf der Höhe
Vogelholz
1898
Gaiseck 2212
Gaishorn
2247
Untere Hütte (Alpe-Alpe) 953
Hölle
Linden...wasser
Hinterstein Gleitschau
In den Wolfsgruben
Hinterbachhof
Berggrundalpe
Gerenkopf
Gernalpe
Gaiseckjoch 2088
Naturschutzgebiet Vilsalpsee
Eckscheid 1589
Eckalpe 1445
Vorsäß-wiesen
Eckschrofen
Rappen-schrofen
Mösealpe 1133
Auf der Schneid
Konstanzer Jägerhaus 940
Schwarztaufen
Taufersberg
2241
Rauhorn
Schäferkopf 1793
Vilsalp 1178
Schäferhütte
Im Gries
Mittagspitz 1682
Alphütte
Eisen-breche
Aueleswände
Auelesgasse
Auelesbrücke
Hintere Schafwanne

0   500 m

04

Skitour

Bschießer

Grenzberg zwischen Hinterstein und Tannheimer Tal

DAUER	3h
LÄNGE	10 km
HÖHENMETER	970 hm
TECHN. ANSPRUCH	LEICHT
EXPOSITION	Nordosten

Das erwartet dich ...

Eine abwechslungsreiche Skitour, die auch für Einsteiger gut geeignet ist, mit grandiosem Rundblick in die Hintersteiner und Tannheimer Berge. Die Abfahrt kann je nach Gusto auch technischer über die verschiedenen Rinnen und Mulden variiert werden. Die beschriebenen Touren Kühgund, Bschießer und Ponten lassen sich für Konditionsstarke auch zu einer großen Tagestour verbinden.

Start & Ziel & Anreise

Start und Ende ist jeweils der Wanderparkplatz in Schattwald hinter dem Gebäude der Freiwilligen Feuerwehr. Nach Schattwald gelangt man von Norden über die A7 und Abfahrt bei Oy-Mittelberg, vorbei an Wertach und hoch ins Oberjoch. An den Liften des Oberjochs vorbei und über die österreichische Grenze nach Schattwald.

Tourenbeschreibung

Vom Parkplatz queren wir die Straße und tragen unsere Ski ein kurzes Stück entlang der Straße Richtung Zöblen bis zum Ortsausgang von Schattwald. Ab dem Ortsschild können wir das Feld auf Ski südwestlich queren, bis wir nach rund 400 Metern auf einen Ziehweg der Schattwaldbahn treffen. Diese queren wir um auf dem Forstweg entlang des Stuibenbachs für 160 Höhenmeter aufzusteigen. Auf 1.300 m Höhe kommen wir aus dem Wald hinaus, zu unserer Linken der kleine Stuibenlift. Hier queren wir wieder die Abfahrtsstrecke des Skigebiets und steigen weiter in gerader Linie zur Scharte unterhalb des Kühgunds auf. Diese erreichen wir nach 300 Höhenmetern und folgen nun dem Grenzverlauf zwischen Schwaben und dem österreichischen Bezirk Reutte.

Das flachere Gelände steigen wir in südlicher Richtung bis auf circa 1.750 m Höhe, dem Anfang des Latschengeländes unterhalb des Bschießer Gipfels. Um den Gipfel zu erreichen, machen wir hier ein Skidepot und steigen die restlichen 250 Höhenmeter bis auf genau 2.000 m Gipfelhöhe dem Sommerweg folgend auf. Der Gipfelgrat ist häufig abgeblasen und legt damit sein steiniges Gelände frei. Somit müssen die Ski für die Überschreitung des Gipfels geschultert werden.

Um Richtung Ponten abzufahren folgen wir kurz dem Rücken südseitig und fahren dann in zuerst steilem, später immer flacher werdendem Gelände ostseitig ab. Vorbei an der Stuibenalpe biegen wir auf den Ziehweg des Stuibenlifts ein und folgen diesem bis zum ersten Abschnitt unserer Aufstiegsspur.

Blick auf das Pontenkar und den Bschießer

Unser
Highlight

Missen-Wilhams
Knottenried
Westenried
1003
Carl-Himbein-Mus.
Schaffler
Hinterhaselbachalpe
Stixner Wald
859
Feriendorf Sonnenhalde
Mautstelle
1000
Unterstixner
Oberstixner
Schlettermoos
Stixner

Wiederhofen
1032
Goldberg Alpe
Juget-Alpe
1024
Siedelalpe

Tuffenmoos
Stixnerbach

Im Blockach
Alpe Tuffenmoos
Holdalpe
Pfarralpe
1060
Alpseeblick
Langholzer Alpe (verf.)
Alpe Schönesreuth
Hochreute
Alpseewies

Vögelsalpe
Baldaufalpe
Städelealpe
Hofackeralpe

Trähersalpe, Wirtsalpe (Dreheralpe)
1166
1108
Huhnermoosholz
Jugetach

Thaler Höhe
1121
Hohenschwandalpe
Neuschwandalpe

1241
Trieblings
Galskopf

In der Au

Großer Alpsee
(702)

Eggersalpe
Reuter
Sänge

Schneidersalpe
1000
Gschwendalpe
Bleichgut

Wannerlesalpe
Alpe Schneidberg
Bleichgut
NSG
Kiosk
Rieder
BU a. Al

Wiedemannsdorf
Hölle
Teufelssee
Homstuben
Hintersee
Theurer
Gschwend
Hochbergalpe
Alte Brändi
1023

Hub
Pionierhütte
Stadtwald
Gschwenderberg Alpe
1075
Rabennestalpe

Konstanzer Hof
308
Deutsche Alpenstraße
Jägerhaus
Alpsee-Coaster
Ganzjahresrodelbahn (längste Rodelbahn Dtl.)
Starketsgundalpe
Hüttenbichel
Homklause
Immenstäd
Hor

Konstanzer
736
Katzenbuckel
Alter Hof-Alpe
Kletterwald Bärenfalle
Roßhütte
Bergwachthütte
Bierleinhütte
1450

Rauhgrundalpe
Abenteuer Alpe
Kleine Starketsgundalpe
Gschwender Horn
Kesselalpe

Schwingundalpe
Untere Kalle
Obere Kalle
Kemptener Naturfreundehaus
Wildschutzgebiet
Auf der A
133
Al

Huberschwändle
Ochsenhofalpe
Obere Gündelalpe
Jagdh.
1415

Leutenschwandalpe
Im Riemle
Eckhalde
1491
1400
1481
Am roten Kopf
Bergwacht-stützpunkt

Kuhschwandalpe
Obere Eckalpe (verf.)
Gündelalpe (verf.)
Weißbach
Dreherberg
1430
Roßhütte
Seifenmoosalpe
Almagmach

Sennalpe
Kuhschwand
Schaffneralpe
Himmeleck
1487
Wildschutzgebiet
Klause
Alpe Mittelberg
1368

Vorderer Prodel
1470
Melkhütte (verf.)
Laubgund
Jagdhaus
Schupperköpfl
1293
1275

Klammen
Laubgund wald
Alpe Untereck
Jagdhaus Ehrenschwang
1502
Hintere Krumbachalpe

Laubgundalpe
Klause
Seewender
1502
Alpe Gund
Krätzenstein
1669

Unterdennebergalpe
Höhe Brücke
Buralpe Tobel
Buralpe
Stuiben
Im Gund
1749
Wildsch gebiet

Denneberger Wald
Rindalpe Tobel
Mittlere Sedererwände
Sederalpe
1739
Rauhenbergalpe
Sommerhau
Wies

Alpele
Rindalpe
1244
1469
Gerichtsholz
Sedererstuiben
1737
Buchenberg
Falkalpe

Groppachwald
Obere Rindalpe (abgetragen)
1772
Buralpkopf
Obere Sedererwände Gatteralpe
Röttachalpe (verf.)

0   500 m

05

Skitour

Eckhalde

Aussichtsreiche Eingehtour oberhalb des Großen Alpsees

DAUER	2h
LÄNGE	3,4 km
HÖHENMETER	680 hm
TECHN. ANSPRUCH	LEICHT
EXPOSITION	Norden

Das erwartet dich ...

Diese Tour am nördlichen Rand der Nagelfluhkette wartet mit schönen Ausblicken über den Großen Alpsee, hinüber zur Salmaser Höhe und bei guter Sicht sogar ganz bis zum Bodensee auf. Technisch ist die Tour auf die Eckhalde nicht besonders fordernd, im oberen Bereich bietet sie dennoch schöne, freie Hänge. Obwohl die Tour schön und einfach zugänglich ist, wird sie aktuell wenig begangen und wird deswegen von vielen Einheimischen auch als Einsteiger- oder Feierabendtour genutzt.

Start & Ziel & Anreise

Der Start befindet sich direkt am Parkplatz der Alpsee Bergwelt bei Ratholz. Von Norden über die A 7 bzw. von Osten über die B 12 nach Kempten. Von dort weiter über die B 19 nach Immenstadt bis zur Ausfahrt Immenstadt-Mitte. Weiter Richtung Großer Alpsee und an dessen südlichem Rand der Straße folgen bis nach Ratholz/Alpsee Bergwelt (links).

Tourenbeschreibung

Vom Parkplatz der Sessel-Bahn aus geht es ein kurzes Stück gen Südwesten, bis man nach wenigen Minuten auf den Fahrweg trifft. Diesem folgt man, bis es kurz nach der Metzeler Hütte ausflacht; das nahezu ebene Stück geht man parallel zur Bahn. Die Abenteuer Alpe und das Areal des Abenteuerspielplatzes Bärenfalle lässt man links liegen. Im Sommer findet man hier den größten „Spielplatz" im Allgäu mit Hochseilgarten, Lama-Zoo, Piratenspielplatz,... im Winter liegt das Gebiet eher einsam da. Kurz oberhalb der Altusrieder Hütte und der Alpe Obere Kalle (sympathische, bewirtschaftete Hütte) auf circa 1.200 m üNN steilt es nochmals gut auf, bevor nach einigen (Spitz-)Kehren das Gipfelkreuz in Sicht kommt. Am Gipfel bietet sich ein schöner Blick hinab ins Konstanzer Tal von Oberstaufen, das sich im Westen hinter dem Staufner Berg versteckt, bis hinüber zum Großen Alpsee im Osten. An guten Tagen kann man den Blick Richtung Norden weiter über das Tal hinausschweifen lassen.

Die Abfahrt erfolgt entlang der Aufstiegsspur, allerdings kann man immer wieder mal links und rechts der Spur variieren. Insbesondere der Gipfelhang ist durchaus lohnendes Gelände und auch die Schneeverhältnisse sind hier häufig überraschend gut. Im unteren Teil folgt man am besten dem Fahr- bzw. Rodelweg.

Die Hänge versprechen meist eine lohnenswerte Abfahrt

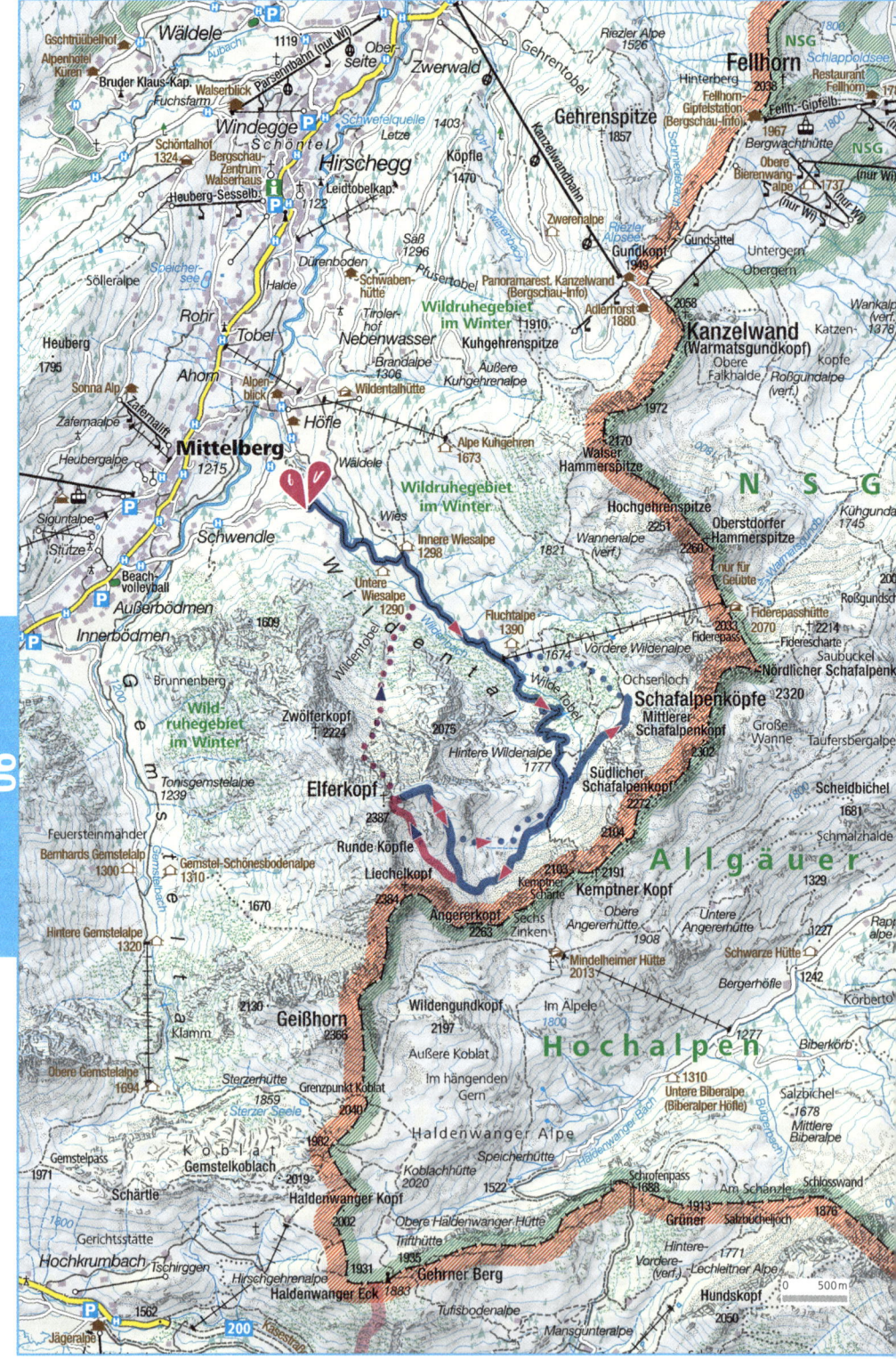

Skitour

Elferkopf

Elferkopf und Elferrinne aus dem Wildental

DAUER	5h 30min
LÄNGE	15 km
HÖHENMETER	1.280 hm
TECHN. ANSPRUCH	SCHWER
EXPOSITION	Norden

Das erwartet dich ...

Das Wildental ist ein Sammelbecken perfekter Skitourenmöglichkeiten bei guten Bedingungen. Fern von Seilbahnen und planierten Pisten gibt es hier vielfältige Aufstiege, Gipfel und Abfahrtsvarianten. Eine der klassischen Touren in diesem Gebiet ist der Elferkopf. Eine der anspruchsvollsten Abfahrtsvarianten des Allgäus ist die berühmte nordseitig ausgerichtete Elferrinne.

Skitour

Start & Ziel & Anreise

Um zum Startpunkt, dem Parkplatz des Alpengasthofs Bergheim Moser zu gelangen, fahren wir von Norden auf der B 19 an Oberstdorf vorbei ins Kleinwalsertal. In Mittelberg Richtung Baad, kurz vor Ortsausgang linker Hand in das Wildental einfahren. Gute Parkmöglichkeit bereits am Wanderparkplatz Schwendle. Die Fahrstraße zum Bergheim Moser ist bei Neuschnee schlecht befahrbar, der gebührenpflichtige Parkplatz bietet nur wenigen Fahrzeugen Platz.

Tourenbeschreibung

Ab dem Parkplatz Bergheim Moser folgen wir zuerst dem Güterweg 2,3 Kilometer bis zur Materialseilbahn der Fiderepasshütte vorbei an den Wiesalpen. Kurz nach den Alpen hat man bereits einen guten Blick auf den Wintergipfel des Elferkopfs und den Ausgang und Schlusshang der Rinne. Ab der Materialseilbahn folgen wir dem Bachverlauf des Wildenbachs für 200 Meter, queren diesen und steigen dann entlang des teilweise sichtbaren Sommerwegs für 400 Höhenmeter durch die Steilstufe des Wildentals. Auf der Höhe von 1.780 m erreichen wir die Hintere Wildenalpe und gehen flach entlang des Talbodens südwestlich weiter. Um auf den Wintergipfel des Elferkopfs zu gelangen halten wir uns rechts, bis wir auf 2.200 m Höhe auf den nordseitigen Abbruch stoßen. An diesem entlang bis auf 2.300 Meter Höhe.

Für die Abfahrt folgen wir der Aufstiegsspur von hier. Wer die Steilstufe unterhalb der Hinteren Wildenalpe meiden möchte, steigt nordostseitig Richtung Fidere-passhütte für rund 100 Höhenmeter auf, um durch latschendurchsetzte Hänge Richtung Materialseilbahn abzufahren. Ab hier dem Güterweg zurück zum Ausgang folgen.

Für die technisch weit anspruchsvollere Abfahrtsvariante durch die Elferrinne halten wir uns bereits im Aufstieg nach der Hinteren Wildenalpe weiter südwestlich und nutzten die Scharte zwischen Elferkopf und Wintergipfel, um zum Einstieg der Rinne zu gelangen. Wer diesen absoluten Klassiker der technischen Allgäuer Steilrinnen fahren und dabei genießen möchte, sollte definitiv sehr versiert auf Ski oder Snowboard stehen und den Umgang mit Steigeisen, Pickel und Abseilen mit Ski beherrschen. Die ersten 50 Meter der Rinne sind sehr steil und eng und werden daher üblicherweise abgestiegen oder abgeseilt. Direkt unterhalb der Scharten-höhe befinden sich zwei Bohrhaken, um die Abseilfahrt sicher zu gestalten. Ab hier bietet sich dem Könner eine der besten Abfahrtslinien des Allgäus. Auf der Höhe von 1.950 m kommen wir aus der Rinne heraus und uns bietet sich auf weiteren 600 Höhenmetern bis zum Wildenbach ein grandioser Schlusshang. Hier halten wir uns möglichst weit links, um nicht in die Wildschutzzone zu kommen. Unten am Wildenbach angekommen folgen wir dem Güterweg zurück zum Parkplatz.

Bei der Abfahrtsvariante über die Elferrinne seilen wir uns die ersten 50 Meter ab

07

Skitour

Entschenkopf
Vom Retterschwanger Tal auf den Entschenkopf

DAUER	5h 30min
LÄNGE	26,5 km
HÖHENMETER	1.280 hm
TECHN. ANSPRUCH	MITTEL
EXPOSITION	Osten

Das erwartet dich ...

Wer ein im Winter beinahe unberührtes Tal, Einsamkeit und unverspurtes Tourengelände sucht, ist im Retterschwanger Tal richtig. Der Entschenkopf bietet hier den lohnendsten Gipfel und die schönsten Hänge. Dafür muss ein langer Talzustieg, am besten verkürzt durch das Bike, in Kauf genommen werden. In Nachbarschaft zu den bekannten, beliebten und hochfrequentierten Gipfeln des Großen Daumen und des Nebelhorns lassen sich hier ruhige Stunden verbringen.

Start & Ziel & Anreise

Ausgangspunkt ist der Wanderparkplatz Gruebplätzle in Bad Hindelang Richtung Hinterstein. Der Weiterweg ins Retterschwanger Tal ist ab hier nur noch mit dem Fahrrad erlaubt. Über die B 19 von Norden kommend an Immenstadt vorbei, durch Sonthofen hindurch Richtung Bad Hindelang liegt der Parkplatz südlich von Bad Oberdorf an der Ostrach vor der Einfahrt ins Hintersteiner Tal.

Tourenbeschreibung

Bike to Ski, so lässt sich der erste Abschnitt der Tour am besten zusammenfassen. Die Unternehmung auf den Entschenkopf aus dem Retterschwanger Tal ist sicherlich keine Standardtour, der Wechsel von Ski zu Rad wird für den ersten Abschnitt wärmstens empfohlen. Um skitourentechnisch in die Unberührtheit des Retterschwanger Tals vordringen zu können, müssen wir zuerst sieben Kilometer und rund 350 Höhenmeter Talzustieg meistern. Der asphaltierte Fahrweg lässt sich üblicherweise spät in der Saison weniger anstrengend befahren. Unser Raddepot machen wir in der hinteren offenen Fläche des Tals „Bei den Ställen".

Hier überqueren wir auf einer kleinen Brücke auch gleich den Bach des Tals, die Bsonderach. Dem Fahrweg bis zur Hinteren Entschenalpe folgen wir ab dann unschwierig für die nächsten drei Kilometer und 300 Höhenmeter. Am Talschluss unterhalb des Nebelhorns angekommen steigen wir ab der Alpe durch bewal-

detes Gelände zuerst nordwestseitig bis auf 1.700 m Höhe auf. Ab hier geht es unterhalb des Rückens westlich für weitere 300 Höhenmeter aufwärts.

Kurz unterhalb des Gipfels empfiehlt es sich, die Ski stehen zu lassen und die letzten Meter auf den Gipfel des Entschenkopfs zu Fuß zurückzulegen. Trittsicherheit für den Gipfelanstieg ist erforderlich. Um zurück zu den Rädern und später unserem Parkplatz an der Ostrach zu gelangen folgen wir unseren Aufstiegsspuren, wechseln wieder von Ski auf Rad und rollen den Fahrweg zurück Richtung Bad Hindelang.

Den ersten Abschnitt der Tour legen wir am besten mit dem Fahrrad zurück: Bike to Ski

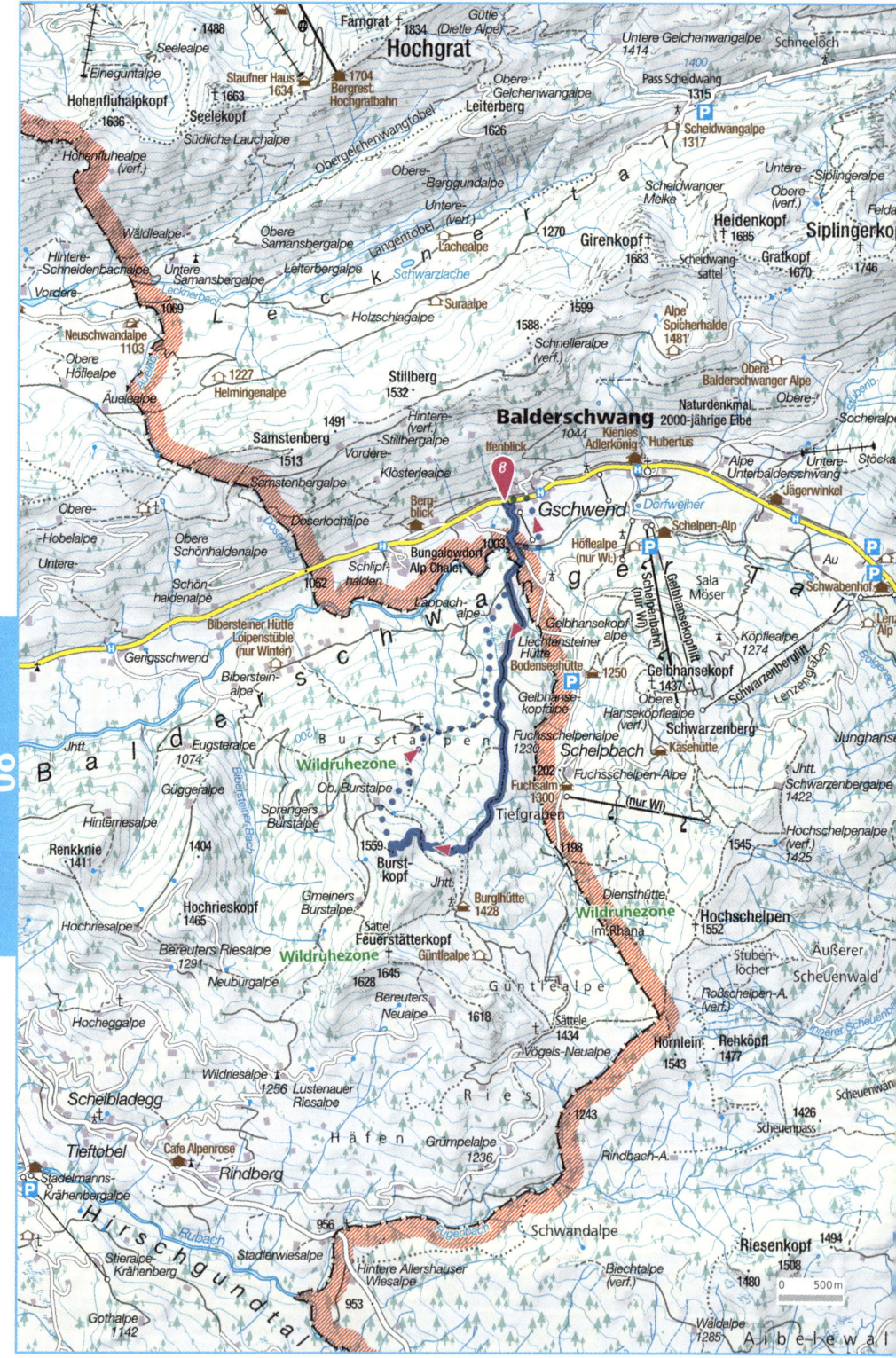

08

Skitour

Burstkopf

Familien- und Einsteigertour über sanft geneigtes Gelände

DAUER	2h 30min
LÄNGE	9,2 km
HÖHENMETER	650 hm
TECHN. ANSPRUCH	LEICHT
EXPOSITION	Nordosten

Das erwartet dich ...

Die Tour auf den Burstkopf eignet sich sehr gut für den Einstieg ins Tourengehen oder als kurze (Feierabend-)Tour. Der sanfte Aufstieg über Wiesen und Waldlichtungen ist sehr schön und kommt ohne Steilstufen oder andere Schwierigkeiten aus. Rund um Balderschwang sammelt sich meist eine überraschend gute Schneebasis. Aufgrund der nur sanft geneigten Hänge gilt die Tour auf den Burstkopf als recht lawinensicher.

Start & Ziel & Anreise

Ausgangspunkt der Tour ist Balderschwang bzw. wenn es die Parkplatzsituation zulässt kurz hinter Balderschwang in Gschwend. Hierzu ab Kempten der B 19 nach Immenstadt, Sonthofen und Fischen im Allgäu folgen. Dort rechts nach Obermaiselstein abbiegen und über den Riedbergpass auffahren am Skigebiet Grasgehren vorbei nach Balderschwang. Dort gibt es einige Parkplätze sowie Parkmöglichkeiten direkt am Straßenrand.

Tourenbeschreibung

Geparkt wird zwar noch in Deutschland, die Tour befindet sich aber fast ausschließlich in Österreich. Vom Parkplatz aus fährt man dazu über die Pisten ab zur Bolgenach (auch gut mit bereits montierten Fellen machbar) und nimmt die Brücke beim Gschwendlift 2 (westlicher Lift). Hinter der Brücke wenige Meter dem Weg Richtung Lappach Alpe folgen und dann direkt rechts halten und dieses Mal den Lappbach queren (Grenzfluss). Bald erreicht man etwas weiter südlich die Liechtensteiner Hütte, hinter der ein kleines steileres Stück mit einer Rechtskurve elegant umgangen wird. Stets dem flachsten Gelände und den freien Flächen bis zur Stadelmannburstalpe folgen. Weiter Richtung Süden, bis man auf ca. 1.400 m üNN ein flacheres Becken erreicht. Von hier nach Westen, das Becken queren und auf dem Rücken des Burstkopfs hinauf zum Gipfel.

Abfahren kann man entweder entlang der Aufstiegsspur oder etwas steiler, aber durch deutlich schöneres Skigelände über die Nordhänge. Bald erreicht man die Obere Burstalpe und fährt weiter nordöstlich ab zur Unteren Burstalpe. Ab hier durch mal mehr mal weniger stark bewaldetes Gebiet zurück zur Lappach Alpe, die gegenüber der Liechtensteiner Hütte steht. Weiter zur Brücke und zurück ins Skigebiet. Zu den Parkplätzen muss man dann ein kleines Stück hinaufgehen.

Vom Becken auf 1.400 m üNN kann man auch alternativ oder zusätzlich auf den Feuerstätterkopf gehen. Dazu zunächst Richtung Süden zur Burgl-Hütte, an dieser vorbei und etwas weiter hinten nach rechts in den Osthang einsteigen. Das letzte Stück zum Grat ist etwas steiler und auch der Weg vom Grat zum Gipfel ist zwar unschwierig, fällt aber links und rechts steil ab. Von hier erfolgt die Abfahrt wie der Aufstieg oder man hängt nach der Abfahrt in das Becken noch den Burstkopf dran.

Blick hinauf zum Burstkopf

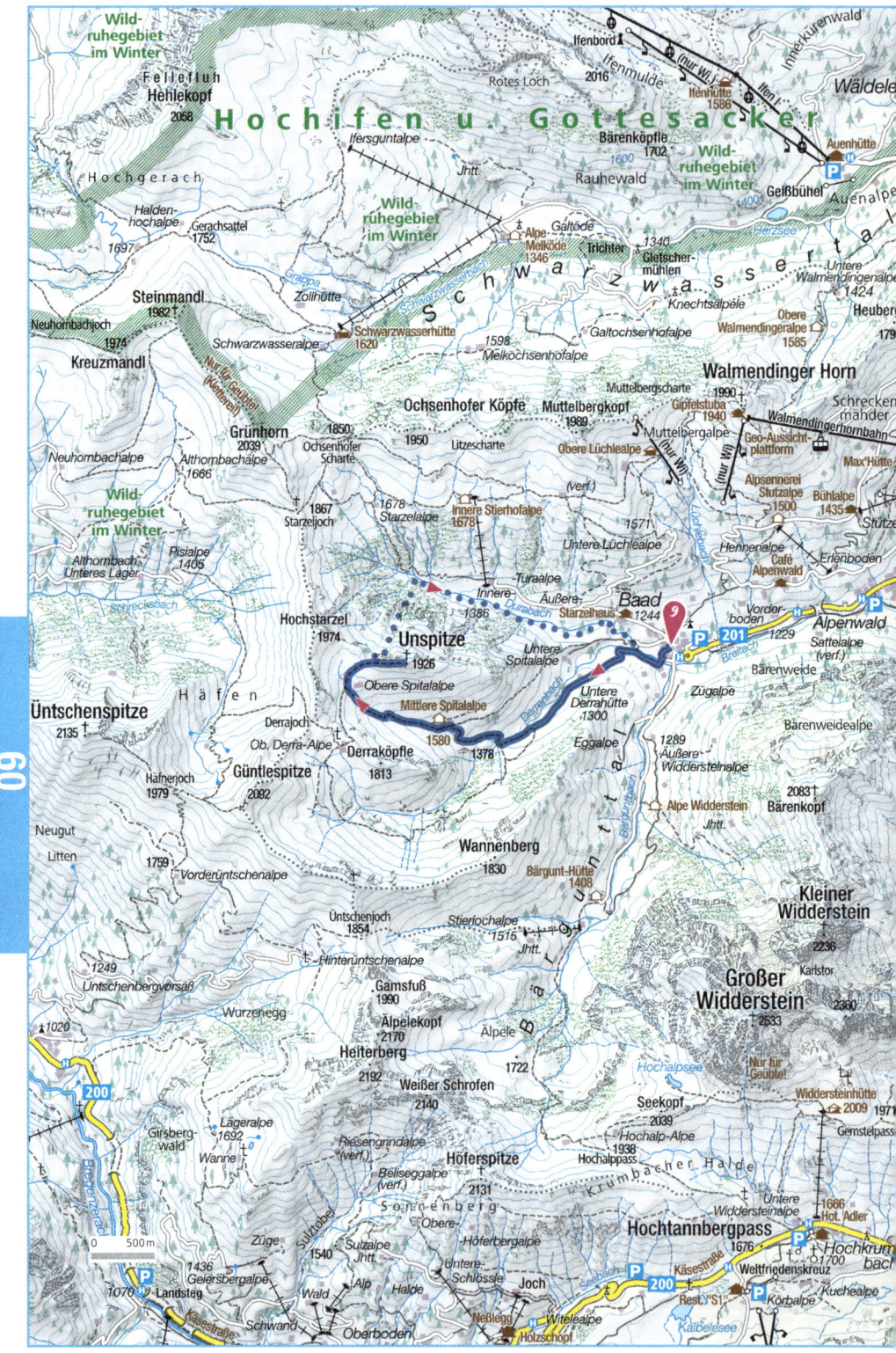

09

Skitour

Derrarinne – Unspitze
Gipfel im Abseits, Rinne ein Volltreffer

DAUER	3h 30min
LÄNGE	10 km
HÖHENMETER	700 hm
TECHN. ANSPRUCH	MITTEL
EXPOSITION	Norden

Das erwartet dich ...

Die Unspitze ist der unscheinbare Nachbar der viel begangenen Güntlespitze und bietet für den versierten Skifahrer mit guter Abfahrtstechnik ein Schmankerl: Die nordseitige Abfahrt durch die steile, aber breite Derrarinne. Die Tour ist relativ kurz und lässt sich auch gut mit anderen Touren kombinieren.

Start & Ziel & Anreise

Startpunkt der Tour ist Baad, das nur von Norden aus erreichbar ist! Ab Kempten Richtung Oberstdorf (B 19) und weiter über die Grenze ins Kleinwalsertal bis nach Baad. Parkplätze beim Kreisverkehr und gegenüber des Restaurants Kuhstall (Tagesticket 8 €).

Tourenbeschreibung

Einer der meistbegangenen Gipfel rund um Baad ist die Güntlespitze. Macht man sich auf den Weg zur Derrarinne, folgt man erstmal den Güntlespitze-Aspiranten auf demselben Pfad im Talgrund Richtung Südwesten. Das hat den Vorteil, dass man nur sehr selten spuren muss und sich die Kraft für die Abfahrt (oder eine zweite Runde) sparen kann.

Auf 1.380 m üNN wendet man sich aber Richtung Norden zur Mittleren Spitalalpe. Ab hier dem Rücken zunächst nach Westen, dann nach Norden folgend vorbei an der Oberen Spitalalpe und in einer langen Rechtskurve bis zum Einstieg in die Derrarinne. Von hier kann man noch die 80 Höhenmeter bis zum Gipfel der Unspitze aufsteigen oder direkt abfellen und sich für das Highlight der Tour richten.

Die Abfahrt durch die Derrarinne ist ein Vergnügen. Über 450 Höhenmeter geht es nach Nordosten ausgerichtet hinunter in den Talgrund. Ab hier immer parallel zum Turabach das Tal hinaus zurück nach Baad.

Bei der Abfahrt durch die Derrarinne muss man keine Steilstufen überwinden. Die Rinne ist aber durchgehend steil und läuft in den Talgrund aus. Daher sollte diese Tour nur bei stabilen Lawinenverhältnissen angegangen werden.

Auf dem Weg zur Unspitze

10

Skitour

Gaishorn
Paradeberg der Tannheimer Berge

DAUER	4h
LÄNGE	12,8 km
HÖHENMETER	1.180 hm
TECHN. ANSPRUCH	MITTEL
EXPOSITION	Norden

Das erwartet dich ...

Wenn ein Berg der Tannheimer prädestiniert für eine gute Skitour ist, ist es das Gaishorn. Der nordseitig ausgerichtete Gipfelhang verspricht perfektes Skigelände für 500 Höhenmeter, der Aufstieg ist kurzweilig und ohne größere Schwierigkeiten zu meistern und die Aussicht ist eine der lohnendsten des grenznahen Tirols. Tannheim selbst bietet einen guten Ausgangspunkt für mehrere Tage vielversprechender Wintererlebnisse.

Start & Ziel & Anreise

Tannheim, der Hauptort des gleichnamigen Tannheimer Tals, ist Startpunkt der Skitour auf das Gaishorn. Der Wanderparkplatz West zwischen Neu Kienzen und Tannheim bietet unkomplizierte Parkmöglichkeit und direkten Einstieg in die Tour. Tannheim erreichen wir über Norden auf der A7 an Oberjoch vorbei oder von Süden aus Reutte über den Gaichtpass.

Tourenbeschreibung

Vom zentral gelegenen Parkplatz gehen wir ein kurzes Stück auf der Langlaufloipe südlich von Neu Kienzen. Kurz vor dem Älpelebach folgen wir dem Waldweg rechter Hand für rund 400 Höhenmeter bis zur Alpe Älpele. Hier öffnet sich das Gelände und wir steigen weitere 170 Höhenmeter zur letzten Alpe im hinteren Talschluss.

Von hier haben wir bereits einen uneingeschränkten Blick auf die Nordflanke des Gaishorns und steigen zuerst flach, später immer steiler werdend in Richtung des westlich liegenden Gaisecks auf. Die unterhalb des Gaisecks liegenden 300 Höhenmeter sind recht steiles Gelände, daher sollten die Lawinenverhältnisse stabil sein und sicherheitshalber Harscheisen mitgeführt werden. Die restlichen rund 50 Höhenmeter bis zum Gipfel des Gaishorns lassen sich ab hier unschwierig, aber meist ohne Ski, über den westlichen Rücken fortsetzen.

Die zurückgelegten 1.100 Höhenmeter belohnen uns mit einem grandiosen Blick auf den Vilsalpsee, die Tannheimer Berglandschaft und in das westlich liegende Hintersteiner Tal. Für die Abfahrt folgen wir unserer Aufstiegsspur zurück nach Tannheim.

Blick auf das Gaishorn vom Tannheimer Tal

Autoren Tipp

Eine leicht veränderte Abfahrtsvariante ohne weiteren Umweg startet am Skidepot, 50 Höhenmeter unterhalb des Gipfels. Diese Abfahrtslinie folgt dem üblichen Verlauf des Steigs für den Sommer. Das felsdurchsetzte Gelände hat eine Steilheit von rund 40 Grad und sollte nur bei sichersten Bedingungen befahren werden.

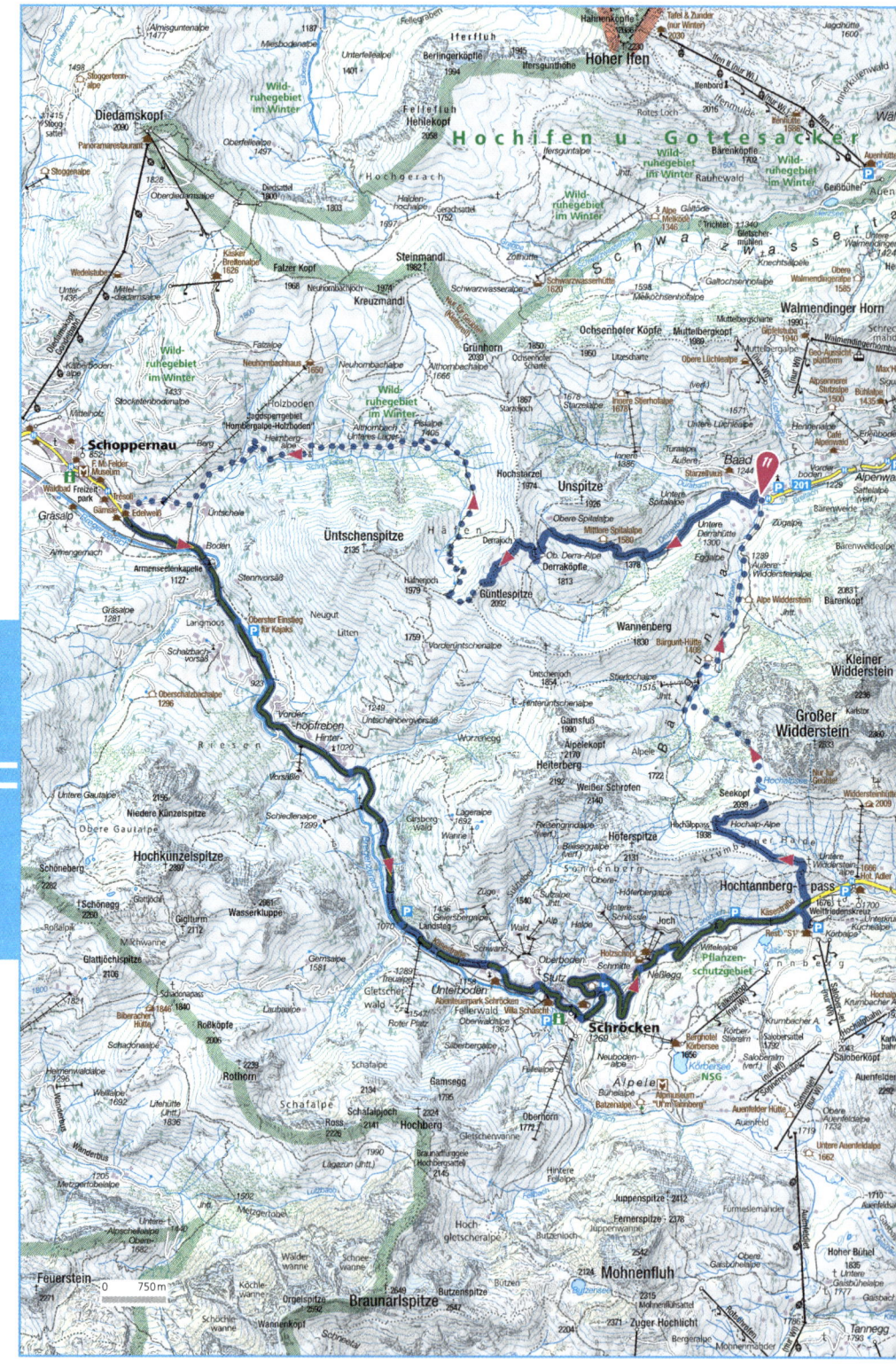

11

Skitour

Güntlespitze
Rundtour mit zwei rassigen Abfahrten über Schoppernau von der Güntlespitze

DAUER	6h
LÄNGE	20,7 km
HÖHENMETER	1.400 hm
TECHN. ANSPRUCH	MITTEL
EXPOSITION	Nordwesten

Das erwartet dich ...

Eine Modetour in Baad: die Güntlespitze. Wer aus dieser einfachen Tour abfahrtstechnisch mehr herausholen möchte, wählt den rassigen Nordwesthang und versüßt sich den Rückweg nach Baad mit einer besonderen Variante über die nordseitige Widderstein-Rinne. Der Weg dazwischen kann unkompliziert mit dem Bus von Schoppernau auf den Hochtannbergpass zurückgelegt werden und schenkt einem noch ca. 700 Abfahrtshöhenmeter.

Start & Ziel & Anreise

Start- und Endpunkt der Tour ist jeweils der große Wanderparkplatz in Baad. Bei dieser Rundtour wird nach der Abfahrt ins Lechtal die Busverbindung zwischen Schoppernau und Hochtannbergpass genutzt, um bequem zurück nach Baad zu kommen. Der Gipfel der Güntlespitze wird bei dieser Variante überstiegen und nordwestseitig ins Lechtal abgefahren.

Tourenbeschreibung

Die Güntlespitze ist sicherlich die beliebteste Tour rund um Baad, bietet einen angenehmen Aufstieg und schöne Abfahrtshänge. Soll aus dieser Tour ein tagesfüllendes Abfahrtserlebnis erster Güte werden, wählt man die Variante mit Abfahrt ins Lechtal und den Rückweg durch das Bärgunttal zurück nach Baad.

Dafür starten wir am Wanderparkplatz Baad, überqueren den Durabach an der östlichen Brücke und folgen dem Bachverlauf direkt nach der Brücke für ca. 20 Meter, bevor wir südöstlich entlang des Derrenbachs für rund 150 Höhenmeter aufsteigen. Auf der Höhe von 1.400 m queren wir auch den Derrenbach wieder und halten uns rechts des Rückens des Derraköpfles. An der meist komplett bedeckten Mittleren Spitalalpe vorbei steigen wir bis auf 1.700 m Höhe. Von hier noch weitere 180 Höhenmeter bis zum Derrajoch und dem Rücken auf den Gipfel der Güntlespitze folgen.

Um in den nordwestseitigen Abfahrtshang zwischen Güntlespitze und Üntschenspitze zu gelangen, überschreiten wir den Gipfel, folgen dem Rücken ein kurzes Stück Richtung Süden und fahren dann nordwestseitig ab. Bis zum Fahrweg der Pisialpe können wir traumhaftes Skigelände genießen, danach folgen wir dem gut präparierten Rodelweg bis zum Ortseingang Schoppernau. Die nächste Bushaltestelle befindet sich vor dem Wirtshaus und Hotel Gämsle. Von hier können wir angenehm und kostengünstig die nächsten 700 Höhenmeter über den Hochtannbergpass bis zur Haltestelle Saloberlifte zurücklegen.

Südseitig des Widdersteins steigen wir über den Hochalppass 300 Höhenmeter auf die unscheinbare Spitze des Seekopfs auf. Hier verschwinden die Felle das letzte Mal im Rucksack, wir fahren linker Hand am gefrorenen Hochalpsee vorbei und direkt dahinter auf Höhe von 1.950 m in die Widderstein-Rinne ein.

500 Höhenmeter tiefer überqueren wir den Bärguntbach, um ab der Bärgunthütte auf dem gut präparierten Fahrweg zurück nach Baad zu fahren.

In der Widderstein-Rinne

12

Skitour

Heubatspitze
Im Winter selten begangen, aber bei den richtigen Bedingungen lohnend

DAUER	3h 45min
LÄNGE	9,5 km
HÖHENMETER	1.150 hm
TECHN. ANSPRUCH	MITTEL
EXPOSITION	Süden – Osten

Das erwartet dich ...

Die Heubatspitze bietet ab Hinterstein eine Alternative zum Skitourentrubel rund ums Giebelhaus. Sie liegt in der Mitte der im Sommer sehr beliebten U-förmigen Hohen Gänge, einer teils drahtseilversicherten Grattour zwischen Rotspitze und Breitenberg. Die Schwierigkeit dieser Tour liegt direkt am Anfang, denn in der Passage durch den Waldgürtel sollten die richtigen Bedingungen herrschen. Oben raus warten dafür schöne Skihänge.

Start & Ziel & Anreise

Am Ende von Hinterstein befindet sich ein großer Parkplatz (aktuell 10 € pro Tag). Diesen erreicht man ab Kempten über die B 19 Richtung Sonthofen, von dort weiter nach Bad Hindelang und kurz vor dem Ort im Kreisverkehr rechts abbiegend nach Hinterstein. Der Straße bis zum Ende vom ausgeschilderten Parkplatz („Auf der Höh") folgen.

Tourenbeschreibung

Wer von Hinterstein aus nicht erst mit Bike oder Bus zum Giebelhaus fahren möchte, dem sei die Heubatspitze empfohlen. Man sollte allerdings beachten, dass sich im unteren Bereich ein Waldgürtel befindet. Dieser lässt sich am besten begehen, wenn ausreichend Schnee auch in tieferen Lagen liegt oder im Frühjahr, wenn man die Ski einfach auf dem Wanderweg am Rücken durch den Wald trägt.

Vom Parkplatz in Hinterstein begibt man sich Richtung Süden hinunter zur Ostrach. Von hier folgt man dem markierten Sommerweg zur Eck-Alpe, der teilweise stark ansteigt. Ab circa 1.200 m üNN flacht das Gelände etwas ab und öffnet sich.

An der Eck-Alpe geht man vorbei weiter Richtung Westen, bis man zu einem kleinen Steilhang auf der rechten Seite kommt. Hinter diesem kurz nach Norden hinauf und in einer langen Linkskurve weiter bis in den Gipfelhang, den man wiederum in einer Rechtskurve aufsteigt. Nach Norden fällt die Heubatspitze steil ab, am Grat bzw. Gipfel ist also Vorsicht geboten.

Auf der Abfahrt warten nun schöne Skihänge entlang der Aufstiegsspur. Bei der Tourenplanung sollten die südöstliche Exposition sowie die tageszeitliche Erwärmung berücksichtigt werden, um möglichst gute Schneebedingungen für die Abfahrt zu erwischen.

Der Blick zum Talschluss

13

Skitour

Hochgrat & Rindalphorn

Der Hochgrat – variantenreicher König der Nagelfluhkette

DAUER	5h 30min
LÄNGE	17,8 km
HÖHENMETER	1.380 hm
TECHN. ANSPRUCH	MITTEL
EXPOSITION	Norden

Das erwartet dich ...

Die gesamte Nagelfluhkette – beginnend am Mittag bei Immenstadt und endend mit dem Hochgrat bei Oberstaufen – bietet viele traumhafte Skitourenmöglichkeiten. Der höchste und variantenreichste Berg dieser Kette ist sicherlich der Hochgrat. Eine der schönsten Varianten ist die Verbindung des Hochgrats mit dem östlich liegenden Rindalphorn und dessen grandiose Abfahrt ins Ehrenschwanger Tal. Für abfahrtsorientierte Tourengeher kann der Aufstieg zum Hochgrat mit der Hochgratbahn verkürzt werden.

Start & Ziel & Anreise

Start der Tour ist die Talstation der Hochgratbahn südlich von Steibis. Ziel sind die Gipfel des Hochgrats und des Rindalphorns. Jede der beschriebenen Abfahrtsvarianten führt zum Ausgangspunkt zurück. Anreise von Norden auf der A 96 über Wangen und Oberstaufen nach Steibis oder auf der A 7 über Kempten, Immenstadt und Oberstaufen. Gute, großflächige Parkmöglichkeit bei der Hochgratbahn, Einfahrt nur über Schranke möglich (Tagesticket 5 €).

Tourenbeschreibung

Ausgangspunkt ist die Talstation und Parkplatz der Hochgratbahn. Abfahrtsorientierte Tourengeher und Tourengeherinnen können ab hier den Aufstieg zum Gipfel mit der Bahn um 800 Höhenmeter verkürzen, steigen an der Gipfelstation aus und folgen der Aufstiegsspur bis zum Gipfel. Die schönste Aufstiegsspur ab der Talstation folgt kurz der Straße östlich und schwingt sich dann in einer breiten Waldschneise an der Alpe Eibele vorbei in gerader Linie hinauf. Auf der Höhe von 1.100 m dreht man rechtshaltend Richtung Bahn ab und folgt unterhalb der Hochgratbahn für weitere 500 Höhenmeter bis zur Gipfelstation. Ab hier steigt man 130 Höhenmeter südlich bis zum aussichtsreichen Gipfel des Hochgrats auf.

Direkt vom Gipfelkreuz hat man nun mehrere Möglichkeiten, um die zurückgelegten 930 Höhenmeter in leichten bis schweren Abfahrtslinien zu genießen.

Verbindung mit dem Rindalphorn: Vom Hochgrat-Gipfel kurz ca. 300 Höhenmeter südostseitig abfahren, dabei oberhalb der Gütle Alpe haltend, bis leicht unterhalb der Brunnenauscharte. Hier wieder auffellen und in östlicher Richtung über den Gelchenwanger Kopf 300 Höhenmeter auf das Rindalphorn aufsteigen.

Ab hier verläuft der grandiose, mäßig steile Abfahrtshang nördlich des Gipfels. Dazu vom Gipfelkreuz kurz absteigen und westlich des Gipfels Richtung Nord kurz queren. Der Abfahrtshang ist üblicherweise recht stark überwechtet und sollte daher nur bei sicheren Bedingungen befahren werden. Den Hang mit 350 Höhenmetern abfahren und dann Richtung Talboden vorbei an der Rindalpe auf den Ziehweg des Ehrenschwanger Tals.

Anschließend folgen wir dem Talweg für 4,5 Kilometer Richtung Westen. Man verliert von hier bis zum Parkplatz Hochgratbahn ca. 200 Höhenmeter, somit ist der Großteil der Strecke mit ein wenig Skaten oder Schieben zu schaffen. Snowboarder sollten sich trotzdem entsprechend wappnen, vor allem bei niedriger Schneelage kann der Weg zum langen Talhatscher werden.

Sollte die Motivation zum Weiterweg am Gipfel des Hochgrats nicht mehr vorhanden sein, ist die Normalabfahrt entlang der Aufstiegsspur sicherlich auch eine empfehlenswerte Variante.

Autoren Tipp

Eine nur sehr erfahrenen und kundigen Steilwandfahrern zu empfehlende Abfahrtsvariante ab dem Gipfelkreuz des Hochgrats ist die sogenannte Farnach-Variante. Diese führt in die bis zu 45 Grad steile Nordseite direkt unterhalb des Gipfelkreuzes in relativ gerader Linie auf die Fahnenalpe zu und endet auf dem Talweg an der Vorderen Simatsgundalpe. Diese Linie ist definitiv nur bei den sichersten Bedingungen befahrbar. Allein durch die extreme Steilheit ist eine mögliche Lawinengefahr entsprechend hoch.

14

Skitour

Hochstarzelrinne
Steilabfahrt-Geheimtipp bei Baad

DAUER	3h 45min
LÄNGE	9 km
HÖHENMETER	800 hm
TECHN. ANSPRUCH	SCHWER
EXPOSITION	Nordosten

Das erwartet dich ...

Ist die Unspitze mit ihrer Derrarinne nach Nordosten schon einsam, so gilt die Hochstarzelrinne zurecht als Geheimtipp und liegt doch direkt nebenan. Hier sind aber neben einer sehr sicheren Abfahrtstechnik im Steilgelände auch alpinistische Grundlagen gefragt.

Start & Ziel & Anreise

Startpunkt der Tour ist Baad, das nur von Norden aus erreichbar ist! Ab Kempten Richtung Oberstdorf (B 19) und weiter über die Grenze ins Kleinwalsertal bis nach Baad. Parkplätze beim Kreisverkehr und gegenüber des Restaurants Kuhstall (Tagesticket 8 €).

Tourenbeschreibung

Der Aufstieg zur Hochstarzel gleicht bis zur Oberen Spitalalpe dem Aufstieg zur Unspitze bzw. Derrarinne. Ab der Alpe geht man nicht nach Nordosten, sondern stattdessen nach Nordwesten. In einem Linksbogen bewältigt man die letzten 170 Höhenmeter bis zum Gipfel der Hochstarzel. Direkt am Gipfel beginnt auch die Hochstarzelrinne und fällt nach Nordosten ab, quasi parallel zur Derrarinne.

Der Einstieg in die Rinne ist häufig überwechtet, sodass man eine solide Abseilmöglichkeit finden oder basteln muss. Das setzt natürlich einige alpinistische Erfahrung und entsprechendes Material voraus. Nur selten gelangt man ohne Abseilen mit etwas Abklettern in die Rinne, darauf sollte man sich aber nicht verlassen. Nach Überwinden des steilen, manchmal sogar überhängenden ersten kurzen Stücks, hat man eine über 500 Höhenmeter lange Steilabfahrt vor sich.

Im Talgrund angekommen folgt man talauswärts dem Durabach nach Baad zurück.

Die Hochstarzelrinne ist deutlich enger und auch steiler, häufig 40 Grad und an einzelnen Stellen bis 45 Grad. Sie sollte nur bei wirklich sicheren Bedingungen befahren werden und benötigt eine gute Schneegrundlage, da der Boden in der Rinne sehr steinig und verblockt ist.

Der Einstieg setzt alpinistisches Geschick voraus

Hoher Ifen
Skitour auf den Allgäuer Tafelberg

Skitour

DAUER	4h 15min
LÄNGE	11,5 km
HÖHENMETER	1.000 hm
TECHN. ANSPRUCH	SCHWER
EXPOSITION	Süden

Das erwartet dich ...

Der Hohe Ifen ist einer der markantesten Berge im gesamten Allgäuer Raum. Die schroffen Felswände zu allen Seiten hin lassen ihn wie einen Tafelberg wirken und bilden zugleich die größte Schwierigkeit der Tour. Denn sowohl für Aufstieg als auch Abfahrt muss man den Durchschlupf durch den steilen Felsriegel zum Plateau des Ifen kennen und finden. Das macht die Tour spannend, der weite und freie Rundumblick am Gipfel ist ein weiteres Highlight der Tour.

Start & Ziel & Anreise

Das Kleinwalsertal erreicht man nur von Deutschland aus. Von Kempten fährt man über die B 19 vorbei an Sonthofen und Oberstdorf und folgt der Straße weiter über die österreichische Grenze. In Riezlern zweigt man kurz nach der Kanzelwandbahn rechts ab und folgt der Ausschilderung Richtung Ifenbahn. Eine sehr zeitige Anreise ist zu empfehlen, da das Gebiet sehr beliebt und gut besucht ist.

Tourenbeschreibung

Der Hohe Ifen fällt mit seiner einzigartigen und markanten Form schon von Weitem auf und bleibt im Gedächtnis. Zudem liegt er in einem wunderschönen alpinen, aber zugänglichen Ambiente und das Schwarzwassertal lockt nicht nur mit einer reichen Auswahl an Skitouren, auch Schneeschuhwanderer scheinen hier ihr Paradies gefunden zu haben. Zusammen mit dem Skigebiet Ifen erklärt das auch den teilweise hohen Andrang, zumal dieser sich auf den einzigen Parkplatz an der Ifenbahn konzentriert. Von hier aus verteilt es sich aber relativ gut, auch wenn man in dieser Ecke sehr selten gänzlich allein unterwegs sein wird.

Von der Talstation der Ifenbahn aus (die man theoretisch auch als Aufstiegshilfe nutzen kann) startet man entlang der Pisten auf der Ifen-Nordseite (immer am Pistenrand aufsteigen!) bis zur Ifenhütte auf circa 1.600 m üNN. Ab hier weiter parallel zur Bahn entweder rechts auf dem Rücken oder links in der Senke unterhalb der

Nordwand entlang. Auf ungefähr 2.000 m üNN beginnt der Einstieg in den kurzen aber sehr steilen Durchschlupf. Bei schlechten Sichtverhältnissen und fehlenden Spuren ist dieser leicht zu verfehlen. Zunächst in Spitzkehren ansteigend, dann mit Ski am Rücken direkt in das Felstor hinein. Die Schneebedingungen und eventuelle Vereisung entscheiden sowohl über den genauen Verlauf des einfachsten Durchstiegs, als auch über die Notwendigkeit von Steigeisen. Häufig findet man auch Fixseile bzw. Reste davon. Nach kurzer Kletterei (max. UIAA II, häufig auch rechts im Schnee umgehbar) und wenigen weiteren Schritten gelangt man auf das Plateau des Hohen Ifen. In einem kleinen Rechtsbogen geht man die letzten 100 Höhenmeter in einfachem Gelände zum Gipfel und kann das weitläufige Panorama genießen.

Auch der südseitige Durchschlupf ist nicht leicht zu finden, allerdings deutlich breiter und ohne Kletterstellen. Die Abfahrt durch die Südrinne braucht eine gute Schneegrundlage und gleichzeitig sichere Verhältnisse, da sie sonnenexponiert und steil ist. Alternativ gibt es (sofern man die richtige Ausrüstung dabei hat) etwas nördlich der Südrinne eine Abseilstelle.

Vom Gipfel fährt man westlich versetzt zur Aufstiegsspur bis auf 2.000 m üNN ab an den südlichen Abbruch des Plateaus. Hier unbedingt vorsichtig fahren, da das Gelände abrupt steil abbricht! Die Südrinne befindet sich in Fahrtrichtung rechts. Das steile Stück vorsichtig überwinden, bis das Gelände etwas abflacht. Nun muss man das Wildschutzgebiet in einem weiten Bogen Richtung Alpe Ifersgunt umfahren. Von der Alpe weiter zur Jagdhütte und hinab zur Galtöde bis man auf die Winterwanderwege trifft, die hinauf zur Schwarzwasserhütte führen. Dem Weg bis zurück ins Skigebiet und zum Parkplatz an der Ifenbahn-Talstation folgen.

Der Hohe Ifen

Wild-ruhegebiet im Winter
Alpe Melköde 1346
Galtöde
Trichter
1340 Gletschermühlen
Schwarzwassertal
Auenalp
Herzsee
Söllerälpe
Speichersee
Untere Walmendingenalpe 1424
Rohr
Zollhütte
Schwarzwasserbach
Knechtsälpele
Obere Walmendingeralpe 1585
Heuberg 1795
Schwarzwasserhütte 1620
Galtochsenhofalpe
Ahorn
Schwarzwasseralpe
1598 Melkochsenhofalpe
Sonna Alp
Walmendinger Horn
Zafernalift
Zafernalpe
Ochsenhofer Köpfe
Muttelbergkopf 1989
Muttelbergscharte
1990
Gipfelstuba 1940
Schreckenmähder
Walmendingerhornbahn
Heubergalpe
Mittelb
1215
Grünhorn 2039
1850
Ochsenhofer Scharte
1950
Litzescharte
Obere Lüchlealpe
Muttelbergalpe
(nur Wi)
Geo-Aussicht-plattform
Max'Hütte
Siguntalpe
Schwer
(verf.)
Alpsennerei Stutzalpe 1500
Bühlalpe 1435
Stütze
1867 Starzeljoch
1678 Starzelalpe
Innere Stierhofalpe 1678
1571
Untere Lüchlealpe
Lüchlebach
Hennenalpe
Café Alpenwald
Erlenboden
Beach-volleyball
Außerbödmen
Innere 1386
Turaalpe
Äußere
Baad 1244
Starzelhaus
Vorderboden
Alpenwald
Innerbödmen
Gemstelboden
Hochstarzel 1974
Unspitze 1926
Durabach
Untere Spitalalpe
201
1229
Breitach
Sattelalpe (verf.)
Brunnenberg
Wild-ruhegebiet im Winter
Obere Spitalalpe
Untere Derrahütte 1300
Zügalpe
Bärenweide
Mittlere Spitalalpe 1580
Derrabach
Bärenweidealpe
Derrajoch
Ob. Derra-Alpe
Derraköpfle 1813
1378
Eggalpe
1289 Äußere Widdersteinalpe
Tonisgemstelalpe 1239
Güntlespitze 2092
2083 Bärenkopf
Alpe Widderstein
Feuersteinmähder
Bärguntbach
Jhtt.
Bernhards Gemstelalpe 1300
Gemstel-Schönbodena 1310
Gemstelbach
Wannenberg 1830
Bärgunt-Hütte 1408
Bärgunttal
Gemsteltal
Kleiner Widderstein 2236
Hintere Gemstelalpe 1320
Üntschenjoch 1854
Stierlochalpe 1515
Jhtt.
Karlstor
Hinterüntschenalpe
Großer Widderstein 2533
2360
Klamm
Gamsfuß 1990
Wurzenegg
Älpelekopf 2170
Älpele
Obere Gemstelalpe 1694
Heiterberg 2192
1722
Hochalpsee
Nur für Geübte!
Weißer Schrofen 2140
Seekopf 2039
Widdersteinhütte 2009
Gemstelpass 1971
Gemstelkopf
Riesengrindalpe (verf.)
Hochalp-Alpe
Hochalppass 1938
Schärtle
Höferspitze 2131
Krumbacher Halde
Beliseggalpe (verf.)
1800
Gerichtsstätte
Sonnenberg
Obere-Höferbergalpe
Untere Widdersteinalpe
1666 Hot. Adler
Hochkrumbach
Tschirggen
Hirschgehre
Züge
Sulztobel
Sulzalpe Jhtt.
Hochtannbergpass 1676
1540
Untere Schlössle
Käsestraße
Weltfriedenskreuz
1700
Unterkrumbach
1562
Wald
Alp
Halde
Joch
200
Rest. "S1"
Körbalpe
Kuchealpe
Jägeralpe
Seebach
Schwand
Neßlegg
Witelealpe
Kalbelesee
Holzbodenalpe
Oberboden
Schmitte
Holzschopf
Pflanzenschutzgebiet
Tannberg
Lucheralpe
Neßlegg
Jägeralp-Express
Stutz
Abenteuerpark Schröcken
Falkenkopf (nur Wi)
Salober-Jet (nur Wi)
Hochalphütte
Punschhütte
Villa Schaschl
Steffisalpe
Oberwaldalpe 1367
Schröcken 1269
Krumbacher A.
Hochalpbahn
Krumbacher A. 1936
Steffisalp-Express
Körber Stieralm
Salobersattel 1792
Warthhorn-Express (nur Wi)
Berghotel Körbersee 1656
Karhornbahn
2043 Saloberkopf
0 500 m
Silberbergalpe
Neubodenalpe
Saloberalm (verf.)
2256
Fellealpe
Körbersee
Wanner

16

Skitour

Karlstor

Die Widderstein-Scharte für große Schwünge und „Powder"-Garantie

DAUER	3h 30min
LÄNGE	9 km
HÖHENMETER	980 hm
TECHN. ANSPRUCH	LEICHT
EXPOSITION	Norden

Das erwartet dich ...

Das Karlstor scheint ein magischer Anziehungsort für viel Schnee zu sein und konserviert diesen in lockerer Form oft überraschend lang. Die weitläufige Scharte zwischen Kleinem und Großem Widderstein ist dank ihrer nordseitigen Ausrichtung und ihrer zwei großen Beschützer weitestgehend vor Sonneneinstrahlung abgeschirmt. Bei sicheren Verhältnissen lassen sich hier auf alle Fälle die besten „Powder Turns" des Allgäus fahren.

Start & Ziel & Anreise

Tourenstart ist der große Wanderparkplatz in Baad. Die südlichste Spitze der Enklave Kleinwalsertal erreicht man nur über Norden auf der B 19 vorbei an Immenstadt und Sonthofen. Vor Oberstdorf hält man sich rechts Richtung Riezlern und folgt von hier der Straße bis in das kleine Bergdorf. Großräumige Parkmöglichkeiten und gute Busanbindung von Riezlern bis Baad.

Tourenbeschreibung

Baad ist ein Hotspot für viele sehr gute Touren. Das Karlstor spielt seine Vorteile vor allem dann aus, wenn die Schneeverhältinsse an anderen Hängen bereits nicht mehr die besten sind.

Den nordseitig ausgerichteten Einschnitt erreicht man vom Wanderparkplatz startend und die Brücke in das Bärgunttal überquerend. Hier folgt man dem präparierten Weg in das Bärgunttal, hält sich nach rund 600 Metern auf dem oberen der zwei Talwege und biegt nach weiteren 800 Metern linker Hand in den leicht bewachsenen Westhang ein. Dem Verlauf eines kleinen Bachs folgt man bis auf eine Höhe von 1.650 m, dann biegt man in den weiten Nordhang ein. Bei der Spuranlage ist es hier besonders wichtig, sich an den vorhandenen Geländemerkmalen zu orientieren. Exposition und Gefälle verlangen sichere Bedingungen.

Um die Scharte zu erreichen oder sich die Abfahrtsoption in das Gemsteltal offen-zuhalten dreht man nach rund 950 Höhenmetern ostseitig ab. Ansonsten steigt man bis an die Felswand des Großen Widdersteins auf und genießt die grandiose Abfahrt entlang der Aufstiegsspur.

Ab der Scharte gibt es eine Abfahrtsvariante mit ostseitiger Ausrichtung in das Gemsteltal. Der Rückweg nach Baad ist von hier etwas umständlicher, da man den Bärenkopf einmal komplett umgehen muss. Dem Talweg für 2,5 Kilometer folgend gelangt man zurück auf die Verbindungsstraße zwischen Baad und Mit-telberg. Von hier weitere 2,1 Kilometer entlang der Breitach zurück nach Baad.

Autoren Tipp

Eine Möglichkeit aus der Tour in das Karlstor eine Rundtour zu machen ist die ostseitige Abfahrt in das Gemsteltal. Hierfür wird direkt auf der Schartenhöhe (2.106 m üNN) nicht wieder in Aufstiegsrichtung abge-fahren, sondern in den gegenüberliegenden Osthang. Hier ist die teils starke Überwechtung zu berücksichtigen. Der Rückweg aus dem Gems-teltal und nach Baad ist streckentechnisch etwas länger.

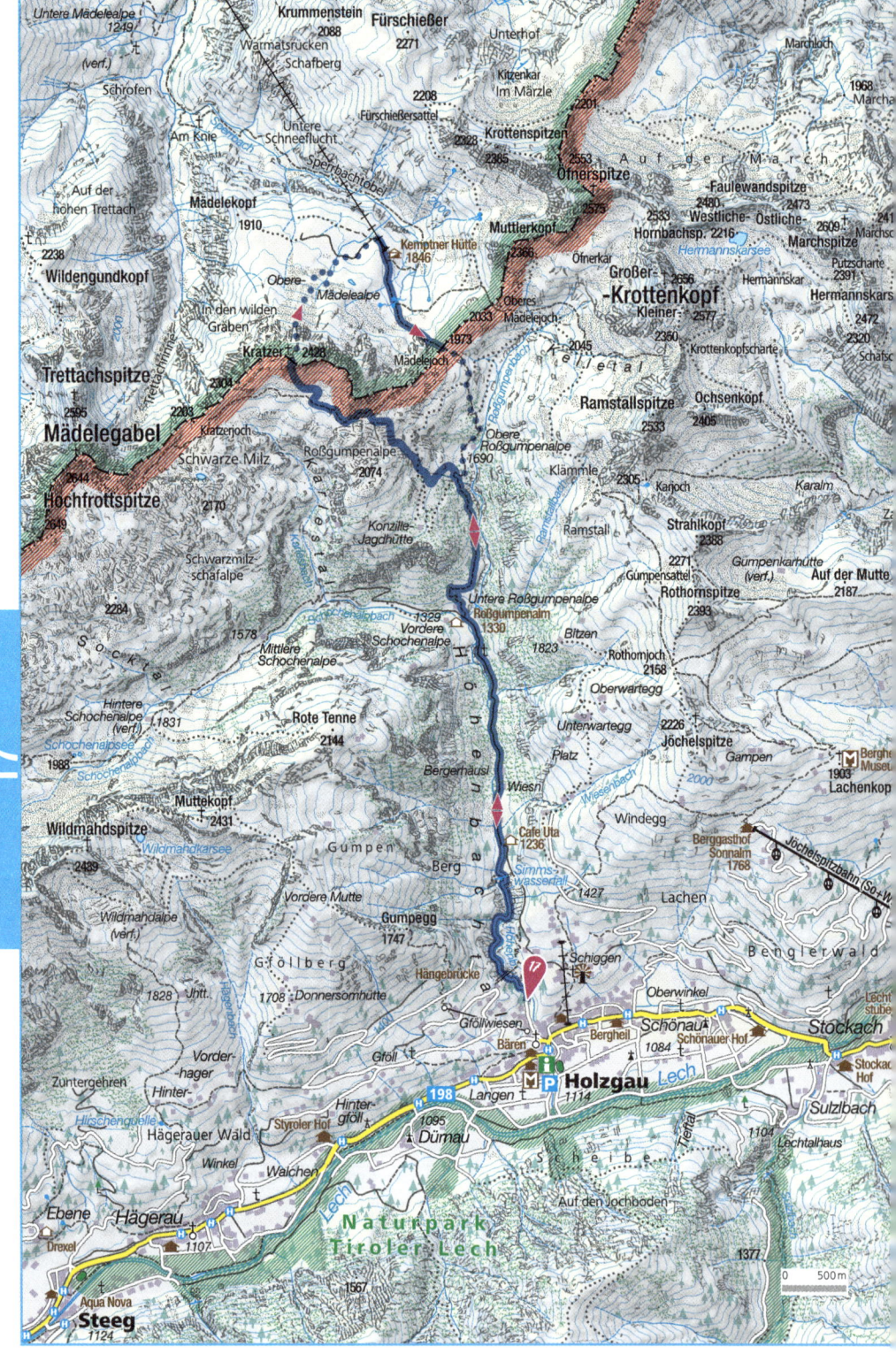

17

Skitour

Kratzer
Nordseitige Traumabfahrt durch das Kratzerfeld zur Kemptner Hütte

DAUER	6h
LÄNGE	13,1 km
HÖHENMETER	1.370 hm
TECHN. ANSPRUCH	SCHWER
EXPOSITION	Norden

Das erwartet dich ...

Das zwar aus dem Allgäu von Weitem sichtbare, aber als Zustieg von der deutschen Seite des Allgäus nicht erreichbare Kratzerfeld lockt vor allem spät in der Tourensaison mit einem perfekt nordseitigen „Powderhang". Der sichere Zustieg auf den Kratzer ist nur aus dem Lechtal möglich, die nordseitige Steilabfahrt lässt sich mit einer Übernachtung auf der Kemptner Hütte gut verbinden und verspricht mit dem großen Nachbarn, dem großen Krottenkopf, auch am zweiten Tag ein Highlight im Tourenkalender.

Start & Ziel & Anreise

Start für diese außergewöhnliche Tour ist diesmal nicht das Allgäu, sondern Holzgau im benachbarten Lechtal. Ziel ist der Kratzer beziehungsweise die Kemptner Hütte mit Übernachtungsmöglichkeit. Holzgau erreichen wir über Reutte, das Lechtal hochfahrend Richtung Warth. Parkmöglichkeiten in Holzgau gibt es im Ort oberhalb der Kirche an den Seiten des Dorfbachs.

Tourenbeschreibung

Der direkteste Zustieg von deutscher Seite zur Kemptner Hütte und dem darüber gelegenen Kratzer wäre der Weg durch den Sperrbachtobel. Dieser im Sommer häufig begangene Weg ist durch seine hohen Flanken an beiden Seiten im Winter nicht begehbar beziehungsweise mit objektiv hohem Risiko verbunden. Daher steigen wir von Süden durch das Höhenbachtal aus dem Lechtal auf.

Ab dem Ortskern folgen wir dem Höhenbach und der gleichnamigen Schlucht rund drei Kilometer und 300 Höhenmeter zur Unteren Roßgumpenalpe. Ab hier steilt das Gelände auf und wir folgen für weitere 300 Höhenmeter dem Bachverlauf. Auf einer Höhe von 1.650 m entfernen wir uns vom Bach und steigen in dem steilen Osthang bis auf eine Höhe von 2.100 m auf.

Nun befinden wir uns unterhalb des ostseitigen Rückens des Kratzers, queren für rund 600 Meter Richtung Westen auf gleichbleibender Höhe und steigen südseitig durch eine Rinne weitere 200 Höhenmeter auf den Gipfel des Kratzers auf. Der Gipfel bietet uns einen eindrucksvollen Blick in das nördlich liegende Trettachtal und den gesamten Allgäuer Hauptkamm.

Nur wenige Meter östlich unterhalb des Gipfels öffnet sich die Abfahrtslinie, zuerst sehr steil, eng und felsdurchsetzt, nach rund 150 Höhenmeter offen und weit, sprich perfektes Abfahrtsgelände für rund 350 Höhenmeter. Auf 1.900 m Höhe wird das Gelände flacher und wir halten uns rechts, um die östlich und 50 Meter tiefer liegende Kemptner Hütte zu erreichen. Der gemütliche und gut ausgestattete Winterraum steht Tourengeher und Tourengeherinnen im Winter zur Verfügung.

Wer den Heimweg zurück nach Holzgau antreten will steigt von hier unschwierig 150 Höhenmeter zum Mädelejoch auf und fährt ab hier das Höhenbachtal hinab.

Autoren Tipp

Die Kemptner Hütte bietet eine gute Ausgangslage für weitere Touren, vor allem die Besteigung des Großen Krottenkopfs. Der höchste Berg der Allgäuer Alpen lässt sich von hier mit nur 900 Aufstiegsmetern unschwierig und kurzweilig besteigen. Auf der Abfahrt kommen wir wieder auf die Aufstiegsspur des Vortags durch das Höhenbachtal zurück.

Unser
Highlight

18

Skitour

Lachenspitze
Überschreitung der Lachenspitze vom Vilsalpsee

DAUER	6h 30min
LÄNGE	13 km
HÖHENMETER	1.300 hm
TECHN. ANSPRUCH	SCHWER
EXPOSITION	Osten

Das erwartet dich ...

Das gesamte Tourengebiet rund um die Landsberger Hütte ist berühmt im Sommer, aber im Winter kaum beachtet... und das völlig zu Unrecht! Die Überschreitung der Lachenspitze bietet uns abwechslungsreiches Gelände, schöne Ausblicke auf das Seen-Trio unterhalb des Tourengipfels und nicht zuletzt einen spektakulären Abfahrtshang. Kombinierbar mit einer Übernachtung im Winterraum der Landsberger Hütte lässt sich die Tour vereinfachen oder mit weiteren Gipfel-Highlights verlängern.

Start & Ziel & Anreise

Start der Tour ist der Parkplatz am Vilsalpsee. Für Privatautos ist die Zufahrt zum See nur morgens bis 8 Uhr und nachmittags ab 17 Uhr gestattet. In der Zeit dazwischen haben wir die Möglichkeit auf die Zubringer per Bus, beziehungsweise der Bimmelbahn mit Skitransport kostengünstig zurückzugreifen. Parkmöglichkeiten gibt es in Schmieden und Tannheim.

Tourenbeschreibung

Im Aufstieg zur Landsberger Hütte müssen wir zwei Steilstufen überwinden; unterhalb des Traualpsees und der Lache. Die ersten Meter der Tour vom Parkplatz Vilsalpsee gehen wir aber zunächst ohne Höhenmetergewinn am östlichen Rand des Sees entlang. Nach rund einem Kilometer kommen wir an der Unteren Traualpe und der Materialseilbahn der Landsberger Hütte und Oberen Traualpe vorbei. Direkt dahinter steigen wir zum Traualpsee auf, wobei wir uns an der Materialseilbahn der Traualpe orientieren und dieser leicht versetzt folgen. Die erste Steilstufe haben wir nach 450 Höhenmetern überwunden und umgehen den Traualpsee an seiner östlichen Seite.

Die zweite Stufe mit weiteren 100 Höhenmetern unterhalb der Lache ist technisch anspruchsvoller und weniger gut einsehbar. Trotzdem bietet uns der für den Sommer in den Felsen geschlagene Weg direkt unterhalb des kleinen Gebirgssees einen Durchschlupf. Für die letzten Meter durch die Steilstufe müssen wir unsere Ski am Rucksack anbringen und je nach Eisbildung auf Steigeisen zurückgreifen. Ein weiterer Durchschlupf befindet sich direkt unterhalb der Hütte, diesen nutzen wir später als Abfahrtslinie.

Unser Zwischenziel, die Landsberger Hütte, befindet sich nun wenige Meter zu unserer Rechten. Vorbei an der Hütte gehen wir zuerst flach südwestlich in Richtung Steinkarspitze weiter. Die Steinkarscharte erreichen wir nach rund 170 Höhenmetern, lassen den gleichnamigen Gipfel westlich liegen und queren, unsere Höhe haltend, 500 Meter Richtung Osten. Ab hier steigen wir weitere 180 Höhenmeter steil südseitig auf. Harscheisen für die Querung und den Aufstieg sind je nach Bedingungen hier sehr hilfreich.

Am Gipfel der Lachenspitze orientieren wir uns für die Abfahrt in die ostseitige Flanke des Berges. Abfahren kann man im steilem, zunächst felsdurchsetztem Gelände direkt vom Gipfel oder in einem der vielen Einschnitte weiter südlich. Die spektakuläre Ostflanke verspricht 300 Höhenmeter technisches Abfahrtsgelände, bis wir auf einer Höhe von 1.850 m zunächst wieder auffellen müssen, um wenige Meter aus dem Birkental zum östlichen Lachenjoch Richtung Nord aufzusteigen. Ab hier fahren wir kurz durch Latschengelände westlich ab, queren zur Hütte und nutzen den steilen Einschnitt unterhalb der Hütte, um die oberste Steilstufe abzufahren. Danach folgen wir unseren Aufstiegsspuren zurück zum Vilsalpsee.

Autoren Tipp

Wer die anderen Tourenberge, wie die Steinkarspitze oder das Geierköpfle rund um die Landsberger Hütte nicht unbefahren liegen lassen will, nutzt den gut ausgestatteten Winterraum der Hütte für eine Übernachtung und einen weiteren Tourentag. Das Geierköpfle kann im Aufstieg am ersten Tag direkt vom Traualpsee aus bestiegen werden. Die Steinkarspitze kann mit der Überschreitung der Lachenspitze kombiniert und die westliche Rote Spitze als Sonnenuntergangsgipfel bestiegen werden.

Café Horn
Hornwiesen
E.-Werk
Hornkapelle
Strausberg
1564
Hornbachalpe
Zipfelschrofen
Zipfelsbach-Wasserfall
Stuibenkopf
1830
Ponten
2045
Güntle
Naturbad Prinze-Gumpe
Bergblick
Hinterstein
866
Wadenwände
Köpfle
Auf der Höh
Wildfräuleinstein
Kutschenmuseum
Wechs
Bachholz
Willersalpe
1459
1444
Auf den Sätzen
Vogelholz
1703
Älpele
Berggrundalpe
Raut
Schweizer
Wald
Lachekopf
1488
Sulzbachwand
Breitenberg
1893
1880
Im unteren Platz
Hintere Kehlerinne
Finstere Rinne
Linienbusverkehr Hinterstein-Giebelhaus
Im Schläuchen
In den Wolfsgruben
Auf der Höhe
Obere Hütte
Häbelesgund
Hohe Gänge
Elpenalpe
Im Gries
Untere Hütte (Alpe-Alpe)
Elperberg
Hölle
953
Hinterbachhof
Gerenkopf
1898
Schwarztaufen
Konstanzer Jägerhaus
940
Gemalpe (verfallen)
Vorsäßwiesen
Rappenschrofen
Auelewände
Auelesgasse
Taufersberg
2034
Rotspitze
2008
Gemsbollenkopf (Heubatkopf)
Eckscheid
1589
Eckalpe
1445
Im Bonach
Eckschrofen
Auf der Scheid
Möslealpe
1133
Mittlere
1592
Untere
1401
Auf der Schneid
1936
Haseneggalpe
Stallenalpe
Bei den Ställen
Obere
1644
Wiesloher Hütte
Im Gries
Mittagspitz
1682
Alphütte Auf der Scheid
Eisenbreche
Auelesbrücke
Auelesgern
Taufersalpe (verf.)
Auf dem Falken
Pfannenhölzer
2029
2197
Kleiner-
2090
Untere Nickenalpe
1304
Naturdenkmal
Aussichtskanzel
Erzberggern
Die Seuchen
Auf dem Falken
Daumen
Daumenscharte
2273
Auf dem Falken
Obere Nickenalpe
1555
Mittlere Nickenalpe (verf.)
Auf den Gattern
Vorderer Erzberghof
1066
Großer-
2280
Engeratsgundsee
Türle
Hengst
1989
Auf dem schönen Bichl
1735
Ortwanger Berg
Im Ober-
Rastwald
Auf der Rast
Im Alpele
Älpelekopf
2024
1905
Schrecker
Gratkopf
Auf dem hohen Bichel
Seehütte
Laufbichlsee
Stierengeratsgundkoblat
2042
1622
Engeratsgundalpe (Gündleshütte)
gattern
Im Unter-
Hubertuskapelle
Hinterer Erzberghof
Remsgern
Erzeck
Schienenhütte
1611
2029
Laufbichlkirche
Stierengeratsgundalpe
Oberer Schwarzenberg
In der Klei
Koblatsee
Laufbichl Koblat
Koblathütte (verf.)
Am Mutzen
1401
Käseralpe
Schwarzenberghütte
1380
Hurerhütte
Linienbusverkehr Hinterstein-Giebelhaus
Mitterhof
1399
Östlicher Wengenkopf
2235
Am Hals
Toniwand
Unterer Schwarzenberg
Hintersteiner Tal
Roßkopf
1823
Ochsengern
1644
Tannenhofhütte
Laufbichlalpe
Langenfeldhütte
1498
Auf dem Alpele
Engeratsgundhof (Narrenwanghütte)
1154
Giebelhaus (Unfallmeldestelle)
1068
Schänzlespitz
2052
Im Karle
Im Schänzle
1913
1709
Sattelhütte
Alpe Laufbichl
1200
Vorsäßhütte
Alphütte
1680
Doismenalpe
Notlend
Notlend alpe
Schänzlekopf
2070
Obere
1826
Bachhütte
1401
1808
Oberschrattenberg
Wengenalpe
Untere
1288
Giebel
1948
2021
Sattelkopf
2097
Täschlegraben
Lochertsgund
Wengenwald
Plattenkästen
Kuhplattenalpe
Alpe Plättele
1350
Nördliche Schönberghütte (verf.)
1645
Feldalpe
1746
Berggächtle
2007
Glasfelder
Lärchwand
2186
Kastenwald
1491
Oberstdorfer Tal
Bärgündeletal
Untere Bärgündelealpe
1322
Glasfelder Kopf
2271
Bockkarscharte
2164
Kesselspitze
2283
Bergwachthütte
1551
Obere Lichtalpe
Breitengern
Rottennhütte
1722
2011
Klammhütte
1620
Melke (verf.)
Obere Bärgündele
1476
Fuchsloch
wald
Kuhblatt
In der Wanne
2088
Salober
2119
Pointhütte
1319
Schochen
2100
Lachenkopf
2111
Laufbacher Eck
2178
1918
1729
Ochsenalpe
Rotkopf
2194
Bergwachthütte
Prinz-Luitpold-Haus
1846
Fuchskarspitze
2314
Fuchsloch
In den Rinnen
Oberhof
2163
Wiedemerkopf
Oberes Tal
2172
Balkenscharte
Im Kalten
Salzboden
Zwerchwand
Auf der Sulz
Oberhof
Schneck
2268
2259
Laufbachstiege
Südliche Schönberghütte
1680
Im Gries
Kreuzkopf
2289
Winkel
Kreuzspitze
Fuchskar
Fuchsensattel
2039
Himmelhorn
2111
Himmeleck
2151
Weittalkopf
2267
2367
Hochvogel
2593
0
500 m
Prinzenkreuz
Untere Gutenalpe
Bockkar
2007
Himmeleckssattel
Sulzschrofen
Vorderer Wilder
1975
Kuhkar
19

Skitour

19

Laufbacher Eck

Lohnende, aber anspruchsvolle Überschreitung in imposanter Kulisse

DAUER	7h
LÄNGE	33 km
HÖHENMETER	1.400 hm
TECHN. ANSPRUCH	SCHWER
EXPOSITION	Norden

Das erwartet dich ...

Die Überschreitung des Laufbacher Ecks ist etwas für erfahrene Skitourengeher. Das Gesamterlebnis ist sehr lohnend, die Tour ist aber anspruchsvoll und nicht zu unterschätzen. Auch sollte sie nur bei guten Schnee- und Sichtverhältnissen angegangen werden. Die Spurwahl und das Finden oder Umgehen eines Schlupfloches sind die Herausforderungen dieser Tour. Da sie eher selten begangen wird, ist häufig Spurarbeit gefragt, was man bei den konditionellen Anforderungen berücksichtigen sollte.

Start & Ziel & Anreise

Am Ende von Hinterstein befindet sich ein großer Parkplatz (aktuell 10 € pro Tag). Diesen erreicht man ab Kempten über die B 19 Richtung Sonthofen fahrend, von dort weiter nach Bad Hindelang und kurz vor dem Ort im Kreisverkehr rechts abbiegend nach Hinterstein. Der Straße bis zum Ende vom ausgeschilderterten Parkplatz („Auf der Höh") folgen.

Tourenbeschreibung

Ab Hinterstein mit dem Rad (8,7 km, 230 Hm, ¾ Std.) oder alternativ mit dem Bus (Fahrtzeiten prüfen!) zum gut ausgeschilderten Giebelhaus. Ab hier kann man die Überschreitung grundsätzlich in beide Richtungen gehen; wir beschreiben die Variante im Uhrzeigersinn mit Aufstieg durchs Bärgündeletal und Abfahrt durchs Obertal.

Das Rad kann man direkt am Giebelhaus stehen lassen oder bei entsprechenden Schneebedingungen noch ein Stück weiter über die Brücke hinaus dem Fahrweg folgen. Mit den Skiern dem deutlich erkennbaren Fahrweg bis zur Materialseilbahn des Prinz-Luitpold-Hauses auf 1.250 m üNN folgen und in gleicher Richtung weiter ins Tal hinein. Nach der Pointhütte endet der Weg, die Richtung behält man aber weiter bei.

Allmählich erscheint auf der rechten Seite eine steile Felswand (Zwerchwand), kurz vor dieser wendet man sich nach rechts und steigt den Hang hinauf. Die Spur dabei am besten nicht im Hang direkt unterhalb der Wand anlegen, da häufig von oben Lockerschnee herunterkommt und nur wenige Meter nördlich vorgelagert in lawinentechnisch weniger kritischem Gelände besser aufgestiegen werden kann. Das Gelände öffnet sich immer mehr und man sammelt kontinuierlich in kupiertem Gelände Höhenmeter. Hier sollte man sich etwas Zeit gönnen, denn der Blick hinüber zur benachbarten Nordflanke des Schnecks ist sehr beindruckend.

Auf 1.900 m Hohe üNN wendet man sich zusehends Richtung Norden und geht parallel unterhalb der steilen Wand des Rotkopfs entlang. Etwas unterhalb zur Rechten sieht man nun auch eine kleine Bergwacht-Hütte. Direkt in Falllinie oberhalb der Hütte steigt man, zunächst auf einem etwas abschüssigen Band, in den Schlusshang hinauf zum Grat direkt südlich des Gipfels.

Vom Grat aus fährt man vorsichtig 100 Höhenmeter nach Nordwesten ab. Hier muss man nun eine kurze, aber exponierte Steilstufe überwinden. Dazu je nach Schneelage entweder direkt vorne am Hang (in Abfahrtsrichtung rechts) den Grat ansteuern und diesem auf dessen Südseite folgen. Achtung! Nordseitig ist stark abfallendes Absturzgelände! Alternativ folgt man in mehreren Spitzkehren genau dem Sommerweg, der an dieser Stelle drahtseilversichert ist. Hierbei muss man teilweise unangenehm steiles, felsdurchsetztes Gelände queren, aber es ist weniger stark exponiert.

Hat man die Steilstufe überwunden fährt man ab bis zur Senke zwischen Laufbacher Eck im Osten und Lachenkopf im Westen auf 2.000 m üNN. Ab hier hat man über 500 Höhenmeter schönstes, kupiertes Abfahrtsgelände bis hinunter zur Alpe Plättele vor sich. Dort folgt man dem Fahrweg hinaus aus dem Obertal zum Giebelhaus zurück, wobei man leider nicht um ein paar Schiebe- oder Skatingeinheiten herumkommt.

Unser
Highlight

Skitour

Nagelfluhkette

Überschreitung der gesamten Nagelfluhkette mit sechs anspruchsvollen Abfahrten

DAUER	8–10h
LÄNGE	25 km
HÖHENMETER	2.500 hm
TECHN. ANSPRUCH	SCHWER
EXPOSITION	Nordosten

Das erwartet dich ...

Die Überschreitung der gesamten Nagelfluhkette ist ein absoluter Klassiker und gilt als eine der schönsten Touren im Allgäu. Besonders im Winter locken die vielen Rinnen und Mulden zu (einsamen) Tiefschneeabfahrten. Mit insgesamt sechs Abfahrten in teils steilem Gelände, mit 2.500 Höhenmetern und 25 Kilometern Gesamtstrecke ist diese Tour skitechnisch guten und konditionsstarken Tourengehern und Tourengeherinnen vorbehalten. Entschärft werden kann die Tour im ersten Anstieg auf den Hochgrat mit der Hochgratbahn.

Start & Ziel & Anreise

Wie die Tour selbst ist auch die dafür notwendige Logistik etwas aufwendiger: Gestartet wird an der Hochgratbahn hinter Steibis, das Ende ist in Immenstadt. Entweder man parkt jeweils ein Auto an Start und Ziel oder man nutzt die Bus-/ Bahnanbindung, um zurück zum Ausgangspunkt zu kommen. Gute Parkmöglichkeiten bestehen jeweils in Immenstadt an der Mittagbahn und an der Hochgratbahn. Immenstadt und Oberstaufen sind gut per Zug verbunden, von Oberstaufen führt eine Busverbindung zur Hochgratbahn.

Tourenbeschreibung

Den westlichsten Punkt der Nagelfluhkette bildet der Hochhädrich und der Mittag den östlichen Endpunkt. Überschritten wird der östliche Teil der Gipfelreihe; den Auftakt dazu bildet der Hochgrat. Der erste Teil bis zum Rindalphorn ist in der Tour 13 zum Hochgrat und Rindalphorn beschrieben. Vom Gipfel des Rindalphorns wird wie beschrieben nordostseitig abgefahren.

Dafür vom Gipfelkreuz kurz absteigen und westlich des Gipfels Richtung Nord kurz queren. Der zweite Hang dieser Tour wird für nur circa 320 Höhenmeter abgefahren, um gleich darauf ohne viel Höhenverlust Richtung Gündleskopf aufzusteigen. Um die besten Abfahrtsrinnen zu erreichen muss nicht ganz bis zum Gipfel aufgestiegen werden. Wieder südostseitig für ungefähr 250 Höhenmeter bis zur Gündels-Alpe abfahren.

Danach folgt der Aufstieg zum Buralpkopf. Hier orientiert man sich vorerst auf den Grat Richtung Sedererstuiben, um von hier einen Blick in den Abfahrtshang werfen zu können. Entlang des Grats zum Gipfel des Buralpkopf. In einer der steilen Nordostrinnen abfahren bis in die Senke der Sedereralpe.

Auffellen und unterhalb des Sedererstuibens auf die Alpe Gund zu. Von hier auf den nordseitigen Rücken des Steinköpfles bis auf 1.610 Meter Höhe aufsteigen. Die Felle verschwinden wieder im Rucksack für die Abfahrt und Querung bis in die Senke der Hinteren Krumbachalpe.

Hinter der Alpe wird letztmalig steil durch den Wald aufgestiegen, um den Steineberg zu erreichen. Den krönenden Abschluss bildet die direkte nordseitige Abfahrt vom Steineberg. Dafür steigt man die Leiter vom Gipfel hinab, folgt kurz dem Sommerweg Richtung Nord und hält sich nordseitig in der Rinne zum Talboden des Steigbachtals. Wer dies entschärfen möchte kann von der Hinteren Krumbachalpe auch direkt Richtung Nord nach Almagmach und in das Steigbachtal abfahren. Um nach Immenstadt zu gelangen folgt man unschwer dem Forstweg und später der Rodelbahn das Tal hinaus.

Der Hochgrat

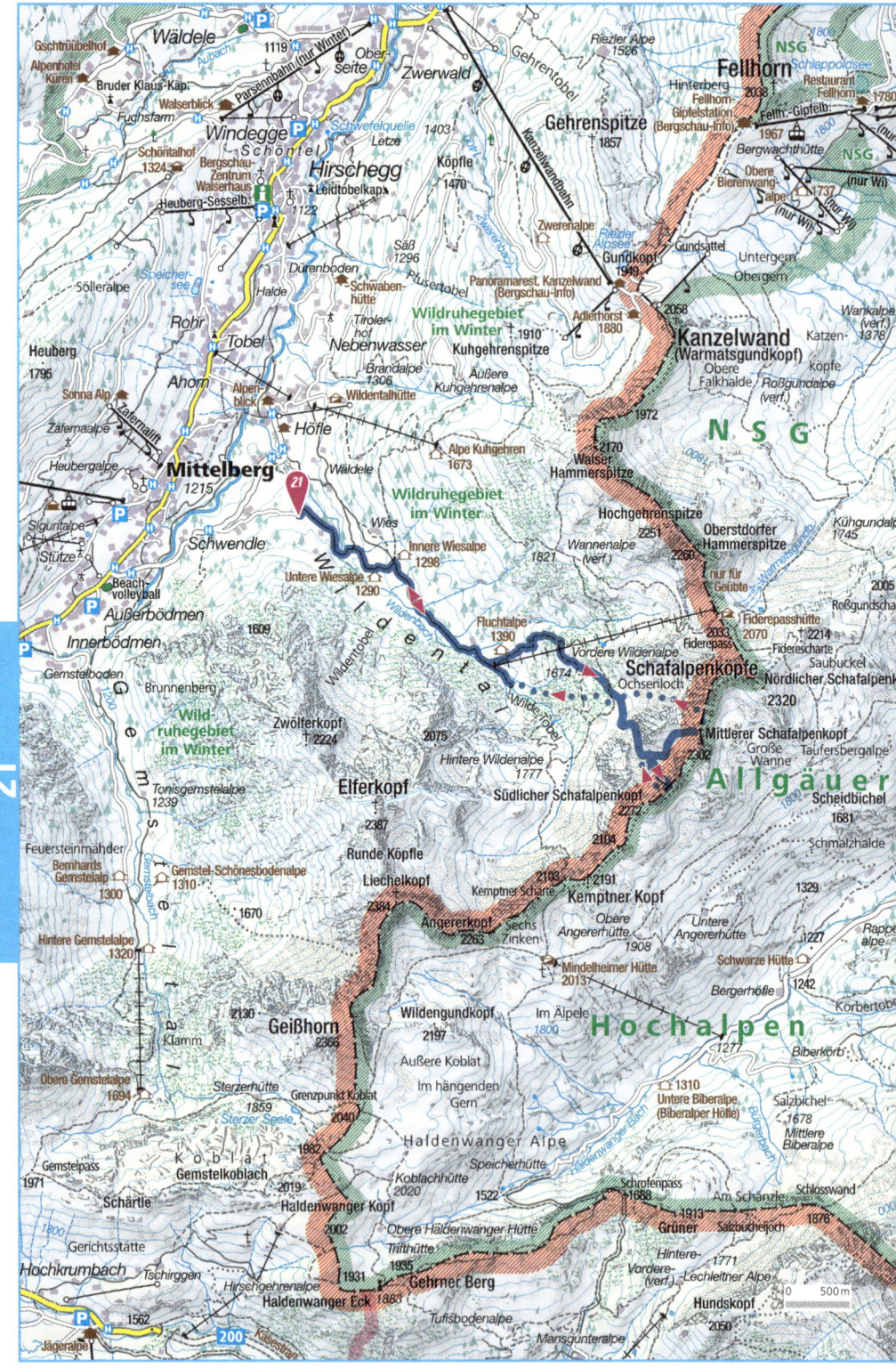

21

Skitour

Ochsenloch

Nordexponiertes Kar unterhalb des Mindelheimer Klettersteigs

DAUER	4h 30min – 5h 30min
LÄNGE	10–12 km
HÖHENMETER	1.000–1.200 hm
TECHN. ANSPRUCH	SCHWER
EXPOSITION	Norden

Das erwartet dich ...

Abwechslungsreiche Skitour im schönen Wildental mit einem Finale im Nord-kar zwischen südlichem und mittlerem Schafalpkopf. Die Tour erfordert eine solide Kondition und Aufstiegstechnik. Bei richtiger Spurwahl und stabilen Lawinenverhältnissen gibt es aber keine besonderen Anforderungen. Insbesondere das obere Becken bietet häufig noch ins Frühjahr hinein gute Schneebedingungen.

Start & Ziel & Anreise

Das im Kleinwalsertal gelegene Mittelberg erreicht man von Kempten über die B 19 in Richtung Süden. Vorbei an Sonthofen und Oberstdorf folgt man der Straße immer weiter über die Grenze nach Riezlern, Hirschegg und schließlich Mittelberg. Der Hauptstraße weiter Richtung Talschluss folgen und an den südlichen Ausläufern Mittelbergs nach links abbiegen Richtung Bergheim Moser (Wildentalstraße). Dort kostenpflichtig parken – und nicht zu spät kommen, da die Parkplätze begrenzt und begehrt sind!

Tourenbeschreibung

Eingerahmt von Kuhgehrenspitze, Hammerspitzen, Schafalpenköpfen, Kemptner Kopf, Liechelkopf, Elfer- und Zwölferkopf bieten sich im Wildental sommers wie winters schöne Touren an. Einige davon lassen sich im Sommer über den Mindelheimer Klettersteig besteigen und aneinanderreihen. Das Ochsenloch liegt in der Mitte des Steiges und bietet im Winter schöne Abfahrtsmeter. Dazu trägt auch die nördliche und schattige Exposition bei, die häufig bis ins Frühjahr hinein Pulverschnee konserviert.

Den Parkplatz beim Bergheim Moser verlässt man an dessen Ende an der Schranke vorbei der Straße folgend. Je nach Schneedecke muss man hier manchmal noch die Ski kurz tragen. Der Weg führt um die Kurve kurz hinauf und anschließend wenige Höhenmeter hinab, die man aber getrost auf Fellen abgleiten kann. Weiter südöstlich ins Tal hinein immer parallel zum Bach, bis man zur Fluchtalpe und somit auch zur Talstation der Materialseilbahn der Fiderepasshütte kommt.

Von hier aus gibt es zwei Möglichkeiten: Entweder man geht weiter geradeaus Richtung Wasserfall Wildental. Dort muss man die Steilstufe durch einen kleinen Durchschlupf überwinden und gelangt so zur Hinteren Wildenalpe. Von der Alpe aus wendet man sich links Richtung Osten und geht am Fuß des Mittleren Schafalpenkopfs entlang, bis sich rechter Hand die Scharte zum Ochsenloch öffnet. Alternativ steigt man ab der Fluchtalpe direkt nach Osten auf, lässt dabei das steilere und mit Gestrüpp bewachsene Stück rechts liegen und gelangt auf eine flachere Ebene auf circa 1.620 m üNN. Hier in einer langen Rechtskurve zur Vorderen Wildenalpe und weiter leicht bergansteigend dem Gelände Richtung Süden folgen, bis man auf 1.850 m üNN am Einstieg ins Ochsenloch steht.

In das Kar sollte man aufgrund der Lawinengefahr nur bei sicheren Verhältnissen einsteigen. Nach einer ersten Steilstufe von circa 100 Höhenmeter öffnet sich das Gelände wieder zu einem (steilen) Becken. Weiter Richtung Süden bis hinauf zum Grat und zum Klettersteig. Hier macht das Skidepot Sinn bzw. bereitet man sich dort auf die anstehende Abfahrt vor. Diese folgt dem Aufstiegsweg bzw. dessen Variante. Ab der Fluchtalpe folgt man wieder dem Fahrweg hinaus aus dem Tal zurück zum Parkplatz – Schwung holen für den letzten Gegenanstieg!

Sowohl beim Aufstieg als auch in der Abfahrt sowie in der Abfahrtsvariante unbedingt die Wildschutzgebiete rund um Elferkopf und Fiederepass beachten!

Autoren Tipp

Bei sehr sicheren Verhältnissen und sofern der Grat nicht überwechtet ist kann man die Abfahrtsmeter noch etwas verlängern. Dazu aus dem Becken des Ochsenlochs nicht durch die schmale Steilstufe abfahren, sondern dort auffellen und erst nach Osten, dann Nordosten aufsteigen zum Mittleren Schafalpkopf. Für die Abfahrt vom Gipfel aus ein kleines Stück nach Norden dem Grat folgen und in das Becken linker Hand einfahren, bis man unten wieder auf die Aufstiegsspuren trifft und diesen weiter folgt.

22

Ponten

Zurecht beliebter Skitouren-Klassiker im Tannheimer Tal

DAUER	2h 30min
LÄNGE	9 km
HÖHENMETER	900 hm
TECHN. ANSPRUCH	LEICHT
EXPOSITION	Norden

Das erwartet dich ...

Technisch wenig anspruchsvolle, nordseitige Tour am Eingang des Tannheimer Tals, die aber insbesondere im oberen Teil durch schönes Gelände führt und bei guten Bedingungen viel Abfahrtsspaß bereitet. Durch ihre gute Zugänglichkeit ist die Tour allerdings viel begangen. Möchte man unverspurte Hänge genießen, muss man sehr früh nach dem Schneefall dran sein.

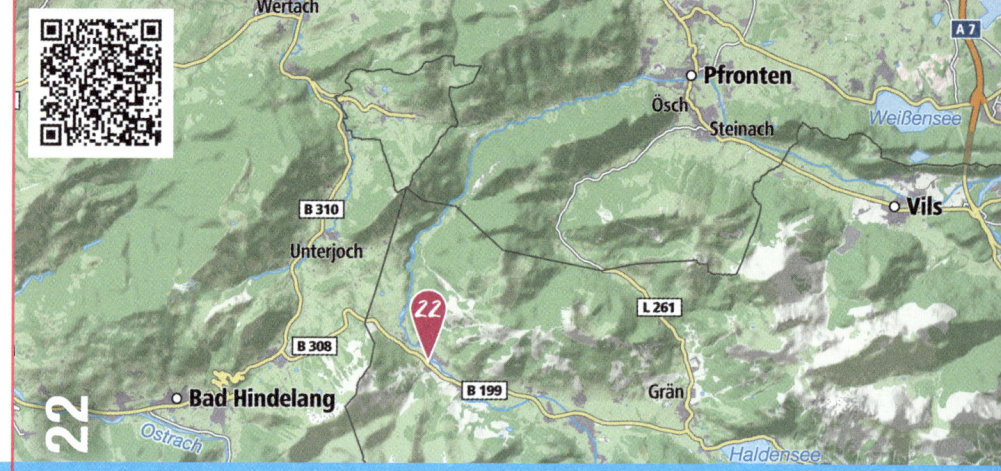

Start & Ziel & Anreise

Schattwald liegt direkt hinter der österreichischen Grenze. Entweder ab Kempten über die B 19 Richtung Sonthofen und weiter durch Bad Hindelang fahren, dann muss man allerdings über den Jochpass nach Oberjoch hoch. Dort im Kreisverkehr nach rechts abbiegen und der Straße bis nach Schattwald folgen. Alternativ von der A7 kommend bei Oy-Mittelberg abfahren und über Wertach nach Oberjoch. Ab dort wieder im Kreisverkehr nach Schattwald. Der Parkplatz liegt zentral in Schattwald.

Tourenbeschreibung

Die Tour auf den Ponten ist im Allgäuer Raum ein absoluter Klassiker. Wegen der nordseitigen Ausrichtung und entsprechend gut konserviertem Schnee sowie aufgrund der guten Erreichbarkeit ist besonders an Wochenenden entsprechend viel los. Nach Neuschnee beginnt häufig noch in den frühen Morgenstunden der Ansturm auf die ersten „Lines" trotz nicht zu unterschätzender Lawinengefahr. Hat man Glück und erwischt einen Tag mit weniger Andrang oder kann die Tour unter der Woche gehen, bietet sich einem eine rundum schöne Tour ohne großen Aufwand, Gegenanstiege oder knifflige Stellen.

Vom Parkplatz aus die Ski kurz schultern, die Straße überqueren und an den südlichen Rand von Schattwald vorgehen. Ab hier geht es mit den Ski an den Füßen geradewegs das Stuibental hinauf. Dazu folgt man entweder dem Sommerweg in der Talsenke (dabei immer etwas links halten) oder nutzt die Pisten des Skigebiets (dabei immer an der Seite der Piste aufsteigen). Kurz bevor man den kleinen Schlepplift im Skigebiet Schattwald (Stuibenlift) erreicht, öffnet sich das Gelände und man kann bereits einen Blick ins Pontenkar sowie auf die Gipfel von Ponten und Bschießer werfen. Über die Piste weiter aufsteigen bis zur Stuiben Sennalpe und von hier aus im kupierten und teilweise mit Büschen bewachsene Pontenkar einsteigen. Nach oben hin verengt sich das Kar und man weicht etwas nach Südwesten aus, bevor man in einer langen Linkskurve eine kleinere Stufe und die letzten Meter zum Rücken des Ponten überwindet. Hier bietet es sich meist an ein Skidepot zu machen, wenn man weiter bis zum Gipfel aufsteigen möchte. Der Weiterweg zum Gipfel führt immer dem Rücken folgend hinauf.

Die Abfahrt erfolgt ab dem Skidepot entlang der Aufstiegsspur. Bei wenig Schnee kann man im unteren Teil auch über die Skipisten abfahren.

Blick auf die Stuibenalpe

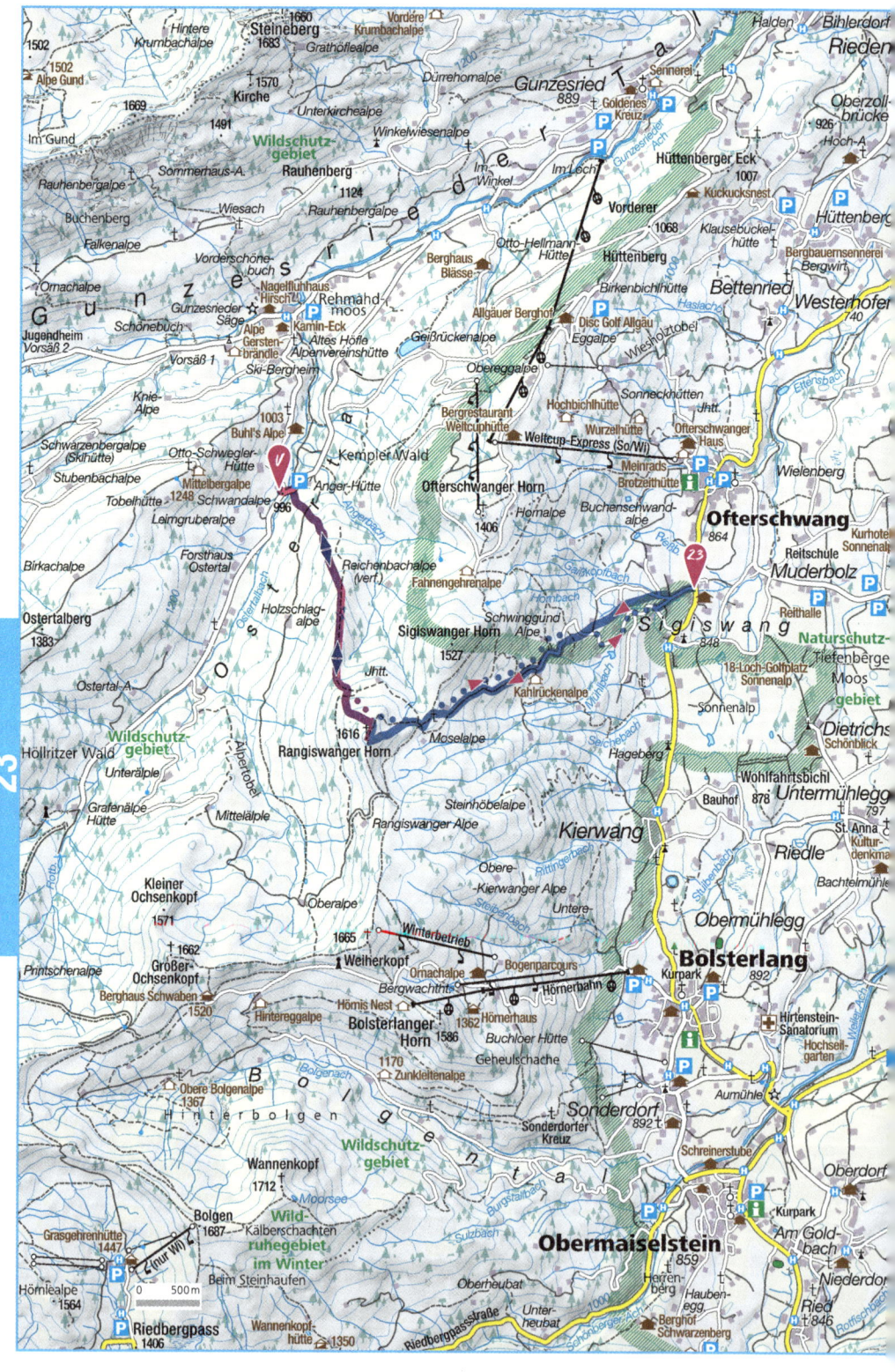

Skitour

23

Rangiswanger Horn

Aussichtsreiche Klassiker-Tour an der Hörnerkette

DAUER	3h
LÄNGE	7,4 km
HÖHENMETER	790 hm
TECHN. ANSPRUCH	LEICHT
EXPOSITION	Nordosten / Nordwesten

Das erwartet dich ...

Die Tour auf das Rangiswanger Horn ist ein absoluter Klassiker. Sei es von Sigiswang aus über den morgendlich in der Sonne stehenden Osthang oder vom Gunzesrieder Tal aus über einsamere Hänge und Waldschneisen: Der Klassiker der Hörnerkette hat für jeden etwas zu bieten.

Start & Ziel & Anreise

Start ist entweder der Parkplatz Ostertal im Gunzesrieder Tal oder der Wanderparkplatz in Sigiswang (QR-Code). Die Anfahrt ins Gunzesrieder Tal führt über dei B19 an Immenstadt vorbei. Bei Sonthofen verlässt man die Bundesstraße Richtung Gunzesried, folgt dem Tal Richtung Gunzesried-Säge, biegt aber vorher linker Hand zum Parkplatz Ostertal ab. Sigiswang erreicht man bei Sonthofen abfahrend Richtung Ofterschwang; kurz dahinter ist der zweite Ausgangspunkt der Tour.

Tourenbeschreibung

Der Aufstieg von Sigiswang aus über die Nordostseite zählt sicherlich zu einer der meistbegangensten Skitouren des Allgäus. Der nordwestseitige Aufstieg aus dem Gunzesrieder Tal ist etwas kürzer und nicht so populär, bietet aber die interessantere Abfahrt.

Beide Varianten zeigen keine objektiven Schwierigkeiten und sind, geschützt durch viel Waldgelände, auch bei unsicheren Verhältinissen gut machbar.

Nordostseitig startet man aus Sigiswang am Wanderparkplatz, überquert die Straße und folgt dem Verlauf der Forststraße an der Kahlrückenalpe vorbei bis zur Sigiswanger Horn Alpe. Von hier dem im Sommer poulären Hörner Höhenweg bis zum Gipfel folgen. Die Abfahrt erfolgt entlang der Aufstiegsspur.

Aus dem Gunzesrieder Tal startet man ebenfalls am Wanderparkplatz, schultert kurz die Ski um die Brücke zu Fuß zu überqueren und biegt kurz danach rechts ab, um über den breiten Nordwesthang aufzusteigen. Ab 1.300 Metern Höhe verengt sich der Hang deutlich und man folgt der Waldschneise weitere 200 Höhenmeter. Danach führt der Aufstieg kurz durch ein steiles Waldstück, welches sich kurz vor dem Gipfel wieder lichtet. Auch hier folgt man für die Abfahrt dem bereits im Aufstieg bekannten Weg.

Gut verbinden lässt sich die Variante aus dem Gunzesrieder Tal mit dem südlich liegenden Weiherkopf und Ochsenkopf.

Am Gipfel des Rangiswanger Horns

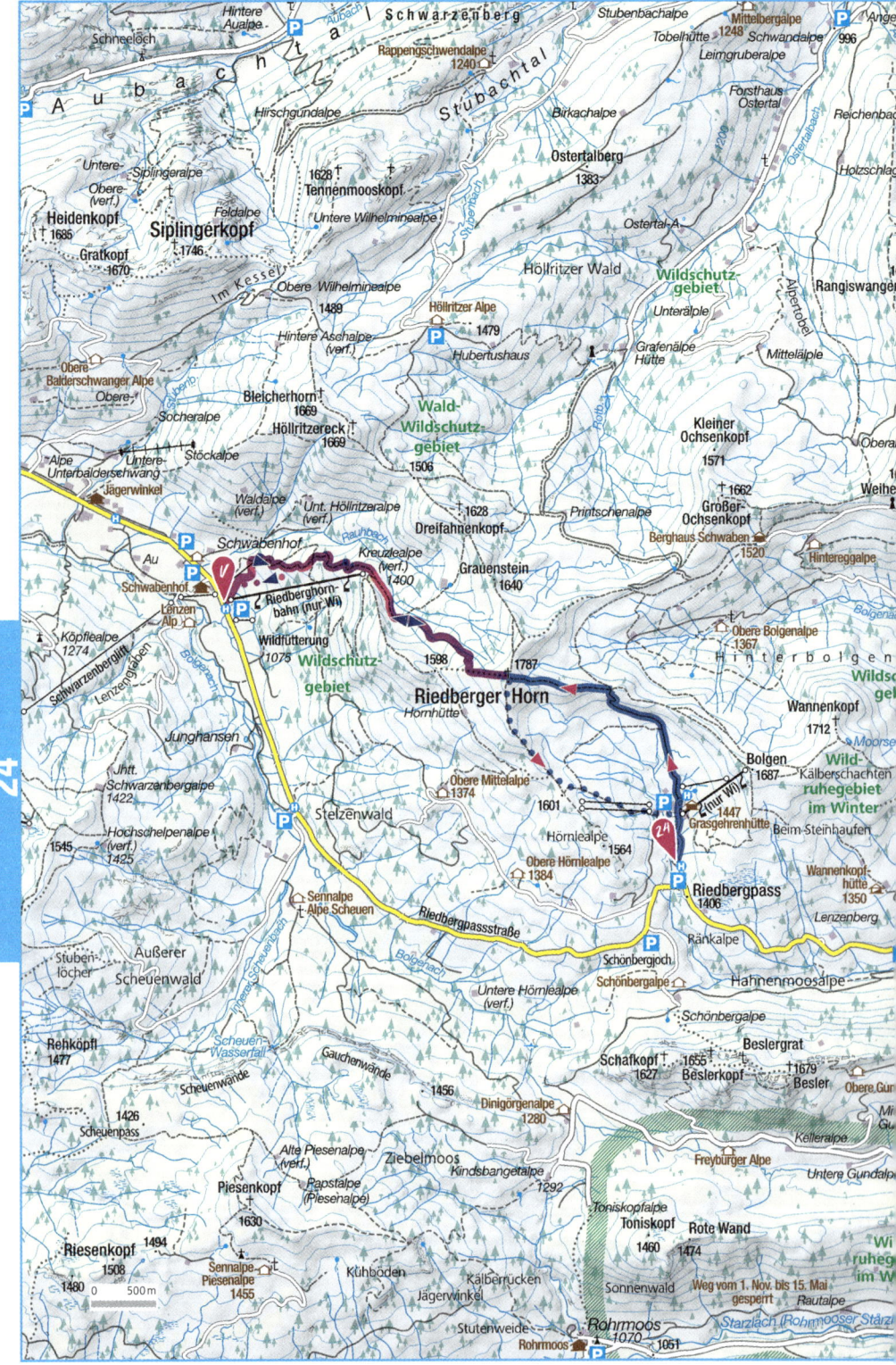

24

Skitour

Riedberger Horn

Die beliebteste Skitour des Allgäus und der Startschuss der Tourensaison

DAUER	2h
LÄNGE	2,3 km
HÖHENMETER	400 hm
TECHN. ANSPRUCH	LEICHT
EXPOSITION	Osten

Das erwartet dich ...

Das Riedberger Horn ist sicherlich die beliebteste Skitour des Allgäus und markiert jährlich den Start der Tourensaison. Durch die erhöhte Lage am Riedbergpass sind hier schon Touren möglich, auch wenn es in den umliegenden Lagen noch grün ist. Balderschwang generell und Grasgehren im Besonderen gelten als sehr schneesicher und schneereich. Für die erste Skitour der Saison ist das Riedberger Horn unter anderem auch prädestiniert, da es von Grasgehren nur rund 400 Höhenmeter Aufstieg sind.

Start & Ziel & Anreise

Anreise von Norden über die B 19 Richtung Oberstdorf. Vorher in Fischen von der Bundesstraße nach Obermaiselstein abbiegen und dem Riedbergpass, Deutschlands höchster Passstraße, bis zur Passhöhe Grasgehren oder bis nach Balderschwang folgen. Entsprechende Winterausrüstung beachten, um den Pass zu befahren. Gute, großräumige Parkmöglichkeit in Grasgehren und in Balderschwang. Alle Aufstiege haben den Gipfel des Riedberger Horns als Ziel und enden am Ausgangsort.

Tourenbeschreibung

Von Grasgehren aus starten wir direkt am Parkplatz und steigen in nördlicher Richtung hinter der Berghütte auf, wobei wir die zwei Lifte des Skigebiets auf den Bolgen rechter Hand liegen lassen. Wir folgen dem teils sichtbaren Fahrweg für rund 180 Höhenmeter auf den Grat, welcher den östlichen Bolgen und das nun westlich von uns liegende Riedberger Horn verbindet. Dem Gratverlauf folgend überwinden wir unschwierig bis zum Gipfel weitere 140 Höhenmeter. Für die Abfahrt zurück nach Grasgehren können wir die ersten Meter in den Osthang einfahren. Recht früh orientieren wir uns nun auf den südseitigen Rücken und folgen diesem bergab am Waldrand, bis wir auf die zwei Schlepplifte des Skigebiets treffen. Hier folgen wir dem Pistenverlauf zurück zum Parkplatz.

Möchten wir einige Meter mehr auf das Riedberger Horn zurücklegen, fahren wir bereits bei der Anreise an Grasgehren vorbei und weiter Richtung Balderschwang.

Kurz vorher, in Schwabenhofen, treffen wir auf den ersten Lift des tiefer liegenderen Tals. Hier parken wir und steigen die ersten 350 Höhenmeter auf der Skipiste auf. Ab der kleinen Gipfelstation folgen wir dem offenen Gelände in südöstlicher Richtung und treffen nach weiteren 280 Höhenmetern auf den westlichen Rücken. Hier unschwierig dessen Verlauf auf den Gipfel folgen. Von dieser Seite legen wir rund 700 Höhenmeter im Gesamten zurück.

Abfahrt wie Aufstieg und auf der Skipiste zurück zum Parkplatz.

Am Gipfel erwartet uns eine panoramareiche Aussicht

Hinterstein
Köpfle
866
Wadenwände
Bachholz
Wildfräuleinstein
Kutschenmuseum
Auf der Höhe
Wechs
In den Wolfsgruben
Auf den Sät...
Vogelho...
Berggrundal...
Hinterbachhof
Schweizer Wald
Hintere Kehlerinne
Vordere Kehlerinne
Heldachrinne
Raut-
1893
Breitenberg
1880
Im unteren Platz
Sulzbachwand
1488
Finstere Rinne
Im Schlauchen
Auf der Höhe
Konstanzer Jägerhaus
940
Aueles-wände
Auelesgasse
Häbeles-gund
Hohe Gänge
Obere Hütte
Elpenalpe
Untere Hütte (Alpe-Alpe)
Elperberg
Hölle
953
Vorsäß-wiesen
Eckschrofen
Rappen-schrofen
Mösealpe
1133
Auelesbrücke
Eisen-breche
Auelesgern
2034
Rotspitze
2008
Gemsbollenkopf (Heubatkopf)
Eckscheid
1589
Im Bonach
Eckalpe
1445
Auf der Schneid
Untere Nickenalpe
1304
Natur-denkmal
Aussichtskanzel
Erzberggern
Die Seuchen
Mittlere
1592
Untere
1401
Auf der Schneid
1936
Wiesloher Hütte
1644
Mittagspitz
1682
Alphütte
Auf der Scheid
Vorderer Erzberghof
1066
Bei den Stallen
Haseneggalpe
Obere-
Auf dem Falken
Pfannenhölzer
2029
Im Gries
Mittlere Nickenalpe (verf.)
Obere Nickenalpe
1555
Auf den Gattern
Ortwanger Berg
Rastwald
Auf der Rast
Kleiner-
2197
2090
Auf dem Falken
1735
Im Ober-
Hubertuskapelle
Daumen
2280
Daumenscharte
Engerats-gundsee
Seehütte
Türle
Hengst
1989
gattern
Im Unter-
Hinterer Erzberghof
In der Klei
Remsgern
Großer-
2273
Auf dem hohen Bichel
Stierengerats-gundkoblat
1622
Engeratsgundalpe (Gündleshütte)
Oberer Schwarzenberg
Huferhütte
Mitternhof
1399
Gratkopf
Laufbichlsee
2042
2029
Stierengerats-gundalpe
1401
Käseralpe
Schwarzenberghütte
1380
Linienbusverkehr Hinterstein-Giebelhaus
Roßkopf
1823
Ochsengern
Koblatsee
Laufbichlkirche
Am Mutzen
Toniwand
Unterer Schwarzenberg
Im Karle
1709
Sattelhütte
Östlicher Wengenkopf
2235
Laufbichl Koblat Koblathütte (verf.)
Am Hals
Laufbichlalpe
Langenfeldhütte
1498
Engeratsgundhof (Narrenwanghütte)
1154
1068
Giebelhaus (Unfallmeldestelle)
1808
Oberschrattenberg
2021
Sattelkopf
2097
Nötlen
1644
Tannenhofhütte
Auf dem Älpele
Vorsäßhütte
Alphütte
Notler gund
Auf dem Älpele
1680
Alpe Laufbichl
1200
Obere
1826
Bächhütte
1401
Wengenalpe
Untere
1288
Wengenwald
Plattenkästen
Kuhplattenalpe
1491
Breitengern
Nördliche Schönberghütte (verf.)
Alpe Plättele
1350
1645
Giebel
Feldalpe
1746
2007
Berggächtle
Untere Bärgündelealpe
1322
Bockharscharte
Glasfelder Kopf
2271
Bergwachth...
Lärchwand
2186
Rottennhütte
1722
2011
Klammhütte
1620
Melke (verf.)
Oberes Bärgündele
Kesselspitze
2233
2164
Kühblätt
Lachenkopf
2111
Laufbacher Eck
2178
1918
Salober
2088
2119
1729
Ochsenalpe
Pointhütte
1319
Oberes Bärgündele
1476
Glasfelge
Fuchskarspitze
2314
2172
2100
Schochen
Rotkopf
2194
Bergwachthütte
Prinz-Luitpold-Haus
1846
2163
Wiedemerkopf
Fuchs...
In den Rinnen

0   500m

25

Skitour

Schochen
Klassische Frühjahrs-Tour auf den Schochen

DAUER	6h
LÄNGE	35 km
HÖHENMETER	1.300 hm
TECHN. ANSPRUCH	MITTEL
EXPOSITION	Norden

Das erwartet dich ...

Der Schochen ist einer der hintersten Gipfel im Hintersteiner Tal mit nordseitiger Ausrichtung und einfach zu begehen. Das macht ihn zu einem der beliebtesten Frühjahrsklassiker. Hier hält sich der Schnee eine lange Zeit und verspricht bei den richtigen Witterungsverhältnissen Traum-Firnbedingungen.

Start & Ziel & Anreise

Start der Tour ist Hinterstein, das kleine Bergdorf südlich von Bad Hindelang. Um unseren eigentlichen Skitouren-Start, das Gibelhaus, zu erreichen nutzen wir die Busverbindung oder das Fahrrad, um die 8 Kilometer und rund 200 Höhenmeter durch das Hintersteiner Tal zurückzulegen.

Tourenbeschreibung

Angekommen am Giebelhaus beginnt die eigentliche Skitour. Ist man mit dem Rad in Hinterstein gestartet kann man häufig bereits weitere Meter in das vom Giebelhaus westlich abbiegende Obertal zurücklegen. Bis zur Engeratsgundalpe ist der Fahrweg im Frühjahr oftmals schon schneefrei und gut befahrbar. Spätestens ab hier wechseln wir auf Ski und Felle und legen auf dem Fahrweg weitere zwei Kilometer zurück.

Unterhalb der Alpe Plättele gehen wir südlich weiter immer oberhalb des Bachverlaufs. Wir legen rund 200 Höhenmeter zurück, bis das Gelände langsam aufsteilt. Insgesamt steigen wir ab dem Fahrweg rund 800 Höhenmeter in gerader Linie Richtung Süden auf, um den Gipfel des Schochen auf einer Höhe von 2.100 m zu erreichen. Da der Aufstiegs- und Abfahrtshang des Schochen komplett nordseitig ausgerichtet ist und daher wenig Sonne abbekommt, firnt dieser auch eher spät im Tagesverlauf auf. Für den Aufstieg sind Harscheisen sicher ratsam, für die Abfahrt das richtige Timing.

Unkompliziert folgen wir für die Abfahrt unserer Aufstiegsspur zurück unter die Alpe Plättele und auf dem Fahrweg hinab zum Giebelhaus. Hier müssen wir kaum weitere Steigungen überwinden, zur richtigen Tageszeit kommen wir schnell und wenig anstrengend an. Das auch im Winter bewirtschaftete Giebelhaus steht uns für einen Zwischenstopp und Verpflegung zur Verfügung.

Der Schochen vom Oytal aus gesehen

26

Skitour

Wannenkopf

Ruhigere Alternative zum häufig überlaufenen Riedberger Horn

DAUER	3h
LÄNGE	10 km
HÖHENMETER	850 hm
TECHN. ANSPRUCH	LEICHT
EXPOSITION	Osten

Das erwartet dich ...

Gemütliche und technisch einfache Tour über Forstwege und kupiertes Gelände. Eignet sich auch gut zum Eingehen oder für Anfänger sowie als Alternative bei weniger günstiger Lawinenlage. Einsam unterwegs ist man hier auch nicht, man entgeht aber dem Trubel rund ums benachbarte Riedberger Horn.

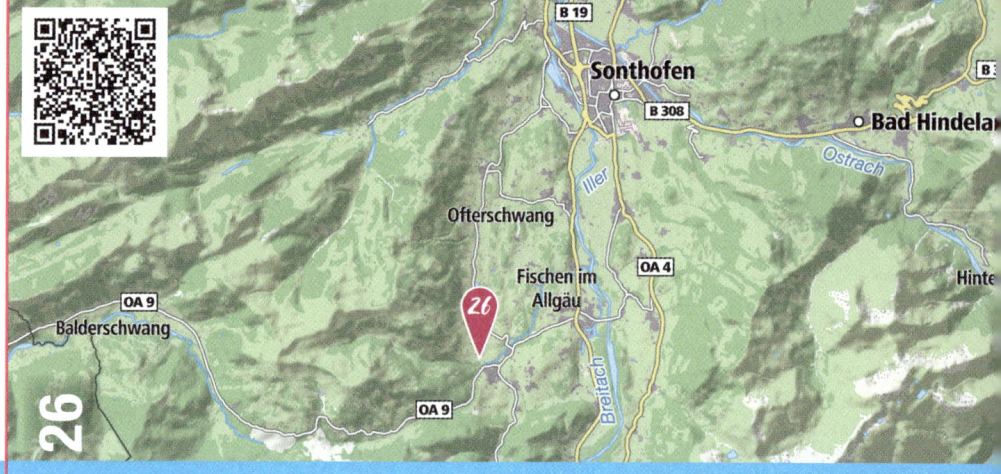

Start & Ziel & Anreise

Start am Parkplatz direkt nördlich von Obermaiselstein. Von Kempten der B 19 über Sonthofen weiter nach Fischen im Allgäu folgen, von hier nach Westen Richtung Obermaiselstein. Der Beslerstraße und Passstraße folgen, bis vor einem Tunnel eine kleine Brücke über die Weiler Ach Richtung Sonderdorf führt. Hinter der Brücke parken oder, falls dort alles belegt sein sollte, weiter der Passstraße folgen und direkt hinter dem Tunnel parken.

Tourenbeschreibung

Die Tour startet direkt am Parkplatz; je nach Schneeverhältnissen muss man die Ski aber eventuell kurz tragen oder am Wegrand aufsteigen, bis die Schneedecke geschlossen ist. Während der ganzen Tour sollte man aus Naturschutzgründen von der üblichen Route nicht abweichen.

Dem Forstweg durch den Wald folgt man über viele Kurven und Kehren immer weiter Richtung Westen. An der Weggabelung auf 1.400 m üNN zwischen beiden Wegen dem Kammrücken folgen; dort ist der Pfad gut erkennbar, meistens sind auch bereits Spuren vorhanden. Immer weiter entlang des Rückens durch mal dichteres, mal weniger stark bewachsenes Gelände aufsteigen. Wendet man sich nach rechts, sieht man durch die Bäume hindurch bereits die freieren Hänge und Becken, über die man später gut abfahren kann.

Knapp unterhalb des Gipfels lichtet sich das Gelände und man verlässt den Rücken in einer kleinen Senke auf 1.650 m üNN. Von hier ist es nicht mehr allzu weit. Man wendet sich leicht rechts und erreicht in wenigen Minuten den Gipfel. Hier bietet sich einem ein schöner Panoramablick auf die Allgäuer Alpen: Richtung Norden direkt hinüber zum Weiherkopf und weiter hinten zur Nagelfluhkette, aber auch der Grünten, der Wächter des Allgäus, ist im Nordosten gut auszumachen. Bei gutem Wetter kann man sogar fast die gesamte Hauptkette der Allgäuer Alpen überblicken.

Vom Gipfel aus kann man direkt abfahren. Dazu zunächst in die kleine Senke hinab, von hier leicht nördlich aber parallel des Aufstiegsweges über das kupierte, freie Gelände, bis man wieder auf die Gabelung auf 1.400 m üNN trifft. Ab hier dem Aufstiegsweg direkt folgen und bis zum Parkplatz über den Forstweg abfahren.

Der Sonnenuntergang über den Bergen

Unser
Highlight

Skitour

Großer Widderstein
Mit alpinem Finale über die Südrinne auf den höchsten Gipfel im Kleinwalsertal

DAUER	6h
LÄNGE	15,2 km
HÖHENMETER	1.400 hm
TECHN. ANSPRUCH	SCHWER
EXPOSITION	Süden

Das erwartet dich ...

Weiter aber schöner Zustieg durchs tief winterliche Bärgunttal. Die Tour fängt flach an und steilt sich stetig auf bis zum Hochalppass. Der letzte Teil durch die Südrinne hinauf zum Gipfel ist zwar nur ein kleiner Teil der Strecke, macht aber allein 500 Höhenmeter aus und stellt die eigentliche Herausforderung der Tour dar.

Au

Start & Ziel & Anreise

Startpunkt der Tour ist Baad, das nur von Norden aus erreichbar ist! Ab Kempten Richtung Oberstdorf (B 19) und weiter über die Grenze ins Kleinwalsertal bis nach Baad. Parkplätze beim Kreisverkehr und gegenüber des Restaurants Kuhstall (Tagesticket 8 €). Für den alternativen Zustieg ab Hochtannbergpass über die L 200 von Osten (über Bregenz, Mellau) oder von Westen (über Reutte, Warth). Parken direkt parallel zur Straße am Pass oder auf dem großen Parkplatz bei den Salober-Liften.

Tourenbeschreibung

Sommers wie winters eine mächtige Erscheinung: Der Große Widderstein ist der höchste Gipfel im Kleinwalsertal und nicht einfach zu bezwingen. Für Skitourengeher sieht der Widderstein geradezu unnahbar aus, doch bei näherer Betrachtung öffnet sich ein Schlupfloch hinauf auf den Gipfel – für den versierten Abfahrer sogar mit Ski!

Als Skitour folgt man auch im Winter dem letzten Teil des steilen Sommerweges (ca. 350 Hm bis 35 Grad) zwischen Kleinem und Großem Widderstein und hier befindet sich auch die Schlüsselstelle der ganzen Tour. Einige Stellen können vereist oder stark gepresst sein und Harscheisen schon im Zustieg zur eigentlichen Rinne erforderlich machen. Am Einstieg in die Südrinne kann man sich entscheiden, ob man die Ski auf den Gipfel mitnimmt oder unten im Skidepot lässt, denn die Abfahrt durch die Rinne ist nur Skifahrern mit entsprechendem Können vorbehalten.

Je nach Schnee- und Spurenlage sind häufig auch Steigeisen und Eispickel hilfreich, manchmal sogar zwingend notwendig für den Aufstieg. Am oberen Ende der Rinne hält man sich schließlich rechts, um den Gipfel zu erreichen. Hat man die Ski bis hier hinaufgetragen, ist es fast immer am besten, kurz unterhalb des Gipfels ein Skidepot zu machen. Für die letzten Meter zum Gipfelkreuz ist dann nochmals volle Konzentration gefragt: Das verblockte Gipfelgelände ist häufig vereist.

Die Schneelage bestimmt, wie gut sie befahrbar ist und wie breit die Abfahrtsspur angelegt werden kann. Ist die Rinne nur mäßig gefüllt verengt sie sich deutlich und macht sicheres Umspringen oder ein Abschnallen der Ski für einzelne Passagen erforderlich. Zudem können alte Spuren verharscht sein und die Abfahrt sehr anstrengend machen. Möchte man die Herausforderungen noch verlängern, bietet sich im Anschluss die Abfahrt über die Westrinne an. Alternativ folgt man von hier aus dem Aufstiegsweg bis zurück nach Baad. Gerade im oberen Bereich bietet sich hierbei links und rechts des Weges immer wieder schönes Abfahrtsgelände.

Wählt man den alternativen Anstieg ab dem Hochtannbergpass spart man sich etwa die halbe Zustiegszeit bis zum Einstieg in die Südrinne.

Steil geht es hinab in der Südrinne

Unser
Highlight

28

Skitour

Wildenfeldscharte

Highlight im einsamen Oytal zwischen Großer und Kleiner Wilder

DAUER	6h 30min
LÄNGE	25 km
HÖHENMETER	1.300 hm
TECHN. ANSPRUCH	SCHWER
EXPOSITION	Norden

Das erwartet dich ...

Einsamkeit, alpines Ambiente und Traumhänge! Diese Kombination bekommt man allerdings nicht so ohne Weiteres, denn für die Tour muss man zunächst ins einsame Oytal hineinradeln, bevor man auf Ski weiterziehen kann. Nach Zufahrt (5 km, 175 Hm) und Zustieg wartet die eigentliche Rinne mit perfekt geneigtem aber nicht unschwierigem Abfahrtsgelände – sofern es Kondition und Verhältnisse zulassen!

Start & Ziel & Anreise

Der Parkplatz der Nebelhornbahn in Oberstdorf dient als Ausgangspunkt der Tour. Ab Kempten der B 19 über Sonthofen nach Oberstdorf folgen. Um zur Nebelhornbahn zu gelangen umfährt man Oberstdorf am nordöstlichen Rand, die Bahn ist weitläufig ausgeschildert. Der Parkplatz der Bahn ist bei Skibetrieb gut besucht und in der Regel kostenpflichtig.

Tourenbeschreibung

Das Oytal ist einsam, die schroffen Felswände mögen für Skitourengeher auch zunächst nicht verlockend aussehen. Doch einige Juwele verstecken sich tief im Tal, wollen aber entdeckt werden. Vom Parkplatz aus folgt man zunächst der Straße (Am Faltenbach) und verlässt diese an deren Ende Richtung Süden. Nach etwa 2,5 Kilometer führt der Weg in östlicher Richtung weiter bis zum Oytalhaus. Bereits hier ist vom touristisch geprägten Oberstdorf nur mehr wenig zu bemerken. Ab hier (oder bei entsprechenden Schneeverhältnissen ab der Käseralpe im Talkessel) geht es mit den Skiern weiter. Man folgt dem Tal in südöstlicher Richtung vorbei an der Gutenalpe und dem Stuibenfall. Nachdem in drei Kehren die kleine Steilstufe überwunden ist, öffnet sich das Gelände wieder und es bietet sich ein faszinierender Ausblick hinüber zur Höfats sowie Schneck und Himmelhorn mit dem scharfen Rädlergrat. Der Weg führt weiter parallel zum Schartenbach in südlicher Richtung bis auf circa 1.400 m üNN. Ab hier wendet man sich Richtung Osten und macht schnell Höhenmeter im nun deutlich steileren Gelände, bis man ein kleines Plateau bei der Wildenfeldhütte erreicht. Hier öffnet sich auch der Blick Richtung Wildenfeldscharte. Die Scharte mag von unten betrachtet recht klein wirken, aber mit weiteren 500 Höhenmetern ist sie nicht zu unterschätzen und will mit unzähligen Spitzkehren bezwungen werden – eine solide Spitzkehrentechnik ist hier unerlässlich. Am Einstieg der Scharte müssen unbedingt die lokalen Verhältnisse kritisch betrachtet werden, denn sie spitzt sich zum Ende hin zu, verengt sich und bietet kaum angenehme Umkehrpunkte. Oben angekommen bietet sich in der Senke ein guter Platz, um sich für die nun anstehende fordernde Abfahrt zu richten. Der Weiterweg auf den Großen Wilden ist sehr anspruchsvoll und nur guten Bergsteigern und Bergsteigerinnen vorbehalten.

Bei der Abfahrt folgt man den Aufstiegsspuren über schönstes Gelände (ca. 35 Grad). Zunächst ist man dabei eingerahmt von den Felsen der Wildenfeldscharte, die sich nach unten immer weiter öffnet. Ab der Wildenfeldhütte kann man entweder weiter entlang der Aufstiegsspuren abfahren oder dem nach Nordwesten verlaufenden Rücken folgen, bis man wieder auf die kleine Steilstufe oberhalb des Stuibenfalls trifft. Ab hier dann dem Weg bzw. den Aufstiegsspuren folgen. Je nach Verhältnissen muss man ein Stück des Weges aus dem Tal hinausschieben oder nochmals die Felle anschnallen. Nach einer kurzen Stärkung im Oytalhaus geht es mit den Fahrrädern wieder zurück ins geschäftige Oberstdorf.

Blick zur Wildenfeldscharte

29

Skitour

Steinmandl
Aus dem Schwarzwassertal auf das Steinmandl

DAUER	4h
LÄNGE	17 km
HÖHENMETER	850 hm
TECHN. ANSPRUCH	LEICHT
EXPOSITION	Osten

Das erwartet dich ...

Die Tour auf das Steinmandl führt uns durch das wunderschöne Schwarzwassertal, immer mit Blick auf die beeindruckende Südseite des Hohen Ifens. Die einfache Skitour ist gut geeignet für Tourenanfänger. Der zunächst flache Tourenanfang, die Einkehrmöglichkeit auf der Schwarzwasserhütte und das technisch einfache Abfahrtsgelände sind auch für Neulinge eine lohnende Tour.

Start & Ziel & Anreise

Start ist der Tourengeherparkplatz kurz vor der Ifenbahn gegenüber dem Klettergarten. Richtung Ifenbahn gelangen wir auf der B 19 vorbei an Oberstdorf, hinein ins Kleinwalsertal. In Riezlern folgen wir nicht weiter der Straße Richtung Baad, sondern biegen rechts ab. Bei Neuschnee ist die steile Zufahrtsstraße nur mit Schneeketten befahrbar. Alternativ bestehen gute Busverbindungen von Riezlern zur Ifenbahn.

Tourenbeschreibung

Unsere Tour beginnt kurz vor den großen Parkflächen der Ifenbahn. Hier nutzen wir direkt den Waldweg und die kleine Brücke, um den Bach zu überqueren und auf seiner linken Seite das Tal aufzusteigen. Vorbei am Speichersee folgen wir dem Weg für knapp 4 Kilometer und nur rund 100 Höhemetern bis in die Melköde, einer Ansammlung kleiner Alpen. Von hier steigen wir weiter auf dem gut präparierten Weg zur Schwarzwasserhütte auf. Diese erreichen wir nach 260 Höhenmetern und weiteren 2 Kilometern. Streckenmäßig ist hiermit schon der größte Teil der Tour geschafft.

Unsere Abfahrtshöhenmeter erklimmen wir weiter direkt westlich der Hütte, wobei wir uns immer auf dem Rücken des Steinmandls orientieren. Nach 350 Höhenmetern haben wir den Gipfel erreicht und können eine spektakulären Ausblick auf das Ifenmassiv genießen. Hählekopf direkt im Norden und die Üntschenspitze im Süden sind zwei weitere prominente Nachbarn unseres Tourenhöhepunkts. Abfahren können wir in direkter Linie ostseitig vom Gipfel oder unschwieriger unserer Aufstiegsspur folgend.

Die im Winter bewirtschaftete Schwarzwasserhütte steht uns für einen Verpflegungsstopp zur Verfügung, bevor wir, dem präparierten Weg folgend, das Schwarzwassertal abfahren. Ab dem Talboden der Melköde müssen wir nochmals einige wenige Höhenmeter zurücklegen, welche sich in sportiver Skating-Manier aber schnell überwinden lassen.

Autoren Tipp

Die Schwarzwasserhütte ist nicht nur tagsüber bewirtschaftet, sondern steht auch im Winter für Übernachtungen mit Rundumversorgung zur Verfügung. Wer also einen zweiten Tourentag für den Hählekopf oder das Grünhorn genießen möchte, ist in der gemütlichen Hütte gut aufgehoben.

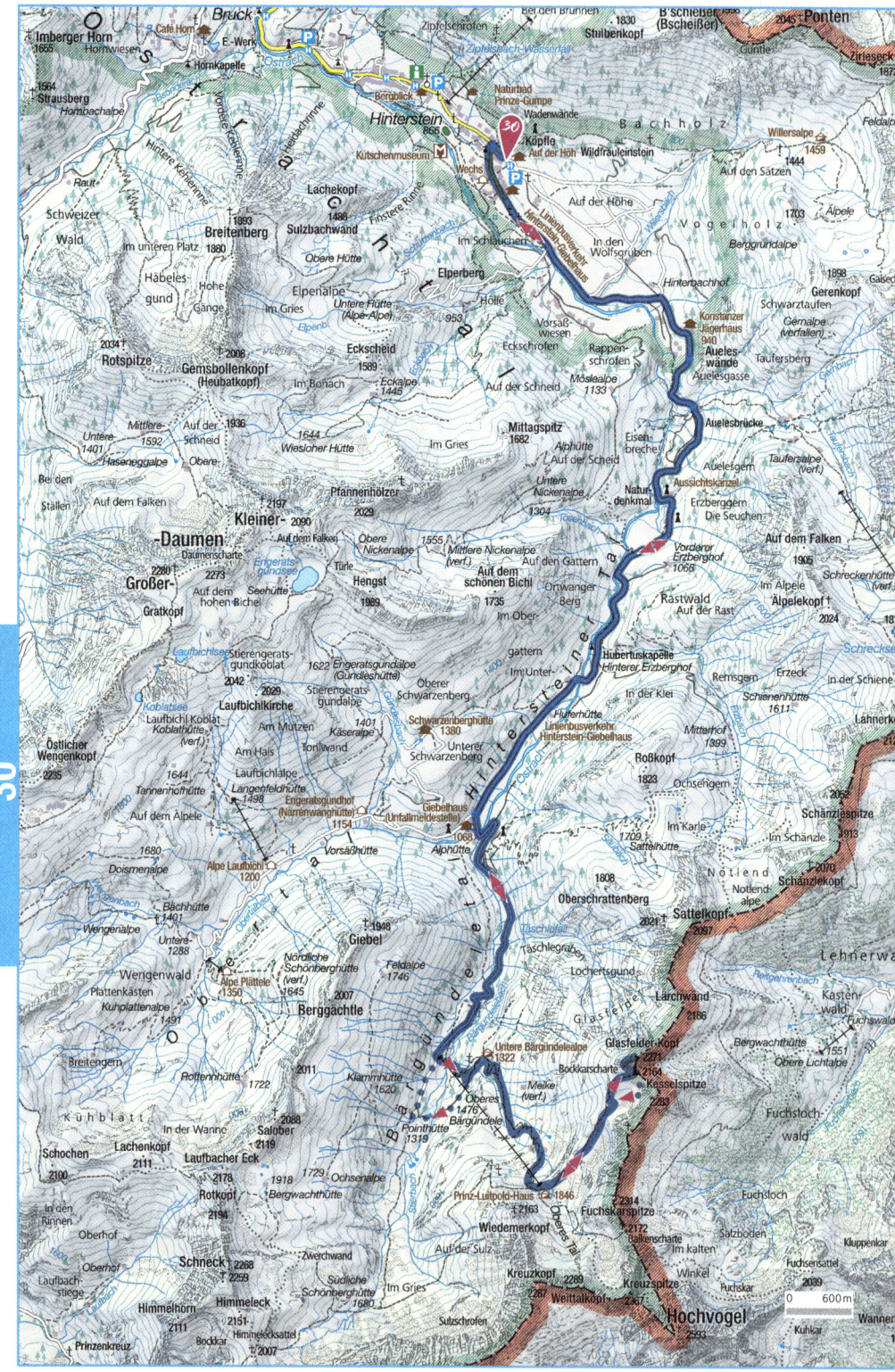

30

Skitour

Glasfelderkopf

Auf den Hausberg des Prinz-Luitpold-Hauses

DAUER	8h
LÄNGE	35,9 km
HÖHENMETER	1.700 hm
TECHN. ANSPRUCH	MITTEL
EXPOSITION	Südosten

Das erwartet dich ...

Der Weg zum Prinz-Luitpold-Haus ist im Winter mehr als nur ein einfacher Hüttenzustieg und nicht zu unterschätzen, dafür bietet sich dort schönstes Skitouren-Gelände in alpinem Ambiente – beispielsweise auf den prominenten und nicht unschwierigen Hochvogel. Für diese Touren nimmt man den Weg gerne auf sich und macht Station im Prinz-Luitpold-Haus oder dessen Winterraum. Der Glasfelderkopf rundet den reinen Hüttenzustieg lohnend ab.

Start & Ziel & Anreise

Am Ende von Hinterstein befindet sich ein großer Parkplatz. Diesen erreicht man ab Kempten über die B 19 Richtung Sonthofen fahrend, von dort weiter nach Bad Hindelang und kurz vor dem Ort im Kreisverkehr rechts abbiegend nach Hinterstein. Der Straße bis zum Ende vom ausgeschilderterten Parkplatz („Auf der Höh") folgen. Ziel der Tour ist das Prinz-Luitpold-Haus unterhalb der Westwand der Fuchskarspitze, dessen Winterraum uns als Ausgangspunkt für weitere Touren dient.

Tourenbeschreibung

Ab Hinterstein mit dem Rad (8,7 km, 230 Hm, ¾ Std.) oder alternativ mit dem Bus (Fahrtzeiten prüfen!) zum gut ausgeschilderten Giebelhaus. Das Rad kann man direkt dort stehen lassen oder bei entsprechenden Schneebedingungen noch ein Stück weiter über die Brücke hinaus dem Fahrweg folgen. Nun weiter mit Ski dem deutlich erkennbaren Fahrweg bis zur Materialseilbahn des Prinz-Luitpold-Hauses auf 1.250 m üNN folgen. Dem Weg weiter Richtung Süden folgen, bis wenig später auf 1.310 m üNN linker Hand abfallend ein Weg hinunter zum Bach führt. (Sollte man die Pointhütte erreichen, ist man etwas zu weit gegangen.) Dem Weg hinab folgen und den Bach queren, um auf der anderen Seite wieder nach Nordosten anzusteigen.

Nach kurzem Anstieg erreicht man ein kleines Plateau und sieht auch schon die Untere Bärgündele-Alpe, vor der man je nach Schneebedingungen nochmals einen Bach queren muss. Ab der Alpe den gut erkennbaren Pfad in südöstlicher Richtung nehmen, mit dessen Hilfe man das Steilstück überwindet. Hier lohnt es sich fast immer, die Ski abzuschnallen und zu tragen bzw. am Rucksack zu befestigen. Nach der Steilstufe öffnet sich das Gelände wieder.

Je nach Lawinenlage und Beurteilung der Hänge nun direkt auf dem ersten Rücken östlich hochziehen und auf 1.700 m üNN nach Süden zum Hang unterhalb des Prinz-Luitpold-Hauses queren oder alternativ weiter dem Sommerweg eher parallel zur Materialseilbahn folgen. Dieser Hang bietet perfekt geneigtes Skigelände, aber die 100 Höhenmeter wollen mit einigen Spitzkehren bezwungen werden. Das letzte Stück ist häufig abgeblasen, hier ist noch einmal Konzentration gefragt, bevor es linkshaltend zur Hütte und zum dahinterliegenden Winterraum geht.

Hier weiter nordostseitig für 330 Höhenmeter in gerader Linie die Scharte hinauf. Diese ist gut erkennbar mit einem kleinen Denkmal markiert. Wer von hier noch den unscheinbaren Gipfel des Glasfelderkopfs besteigen will, lässt die Ski am Denkmal und steigt in leichter Kletterei für 60 Höhenmeter nordwestseitig auf.

Abfahrt wie Aufstieg entsprechend mit kleineren Gegenanstiegen. Auch hier ist es meist notwendig die Ski für das Überwinden der Steilstufe bei der Bärgündele-Alpe (und für die Bachquerungen) abzuschnallen und zu tragen.

Bei hoher und gefestigter Schneelage kann man im Aufstieg alternativ auch dem etwas kürzeren Sommerweg ab der Materialseilbahn bis zur Bärgündele-Alpe folgen. Der Weg geht allerdings etwas steiler durch dicht bewachsenen Wald, sodass hier häufig auch die Ski getragen werden müssen.

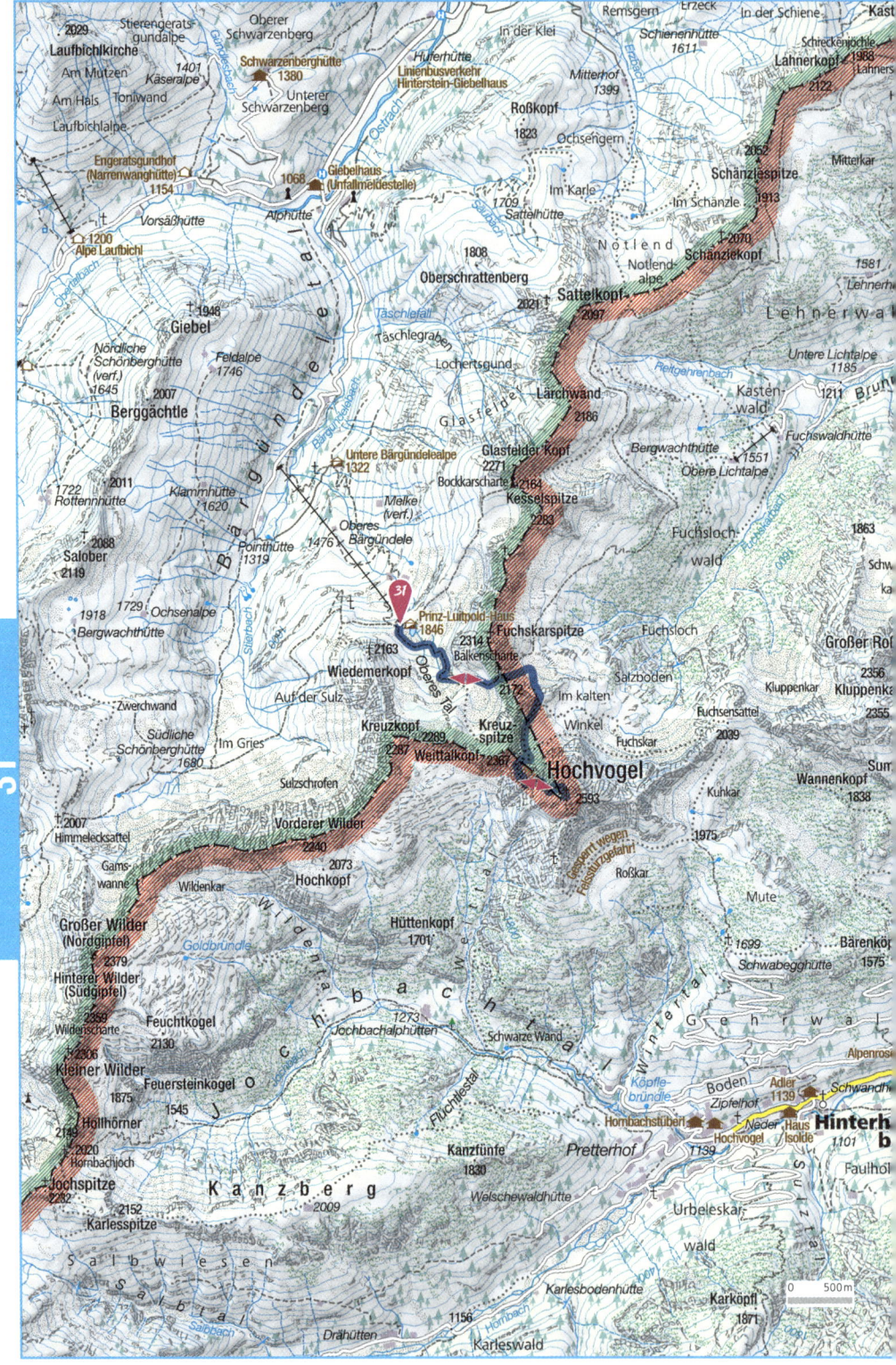

31

Skitour

Hochvogel
Der König der Allgäuer Alpen

DAUER	4h
LÄNGE	6,9 km
HÖHENMETER	1.030 hm
TECHN. ANSPRUCH	SCHWER
EXPOSITION	Norden

Das erwartet dich ...

Obwohl nicht der höchste der Allgäuer Alpen, ist der Hochvogel doch einer der prominentesten Berge. Er präsentiert sich durch seine gut erkennbare Pyramiden-form und ist bereits weit aus dem Unterland sichtbar. Seine Besteigung ist, vor allem im Winter, alles andere als einfach, daher wird oft der Winterraum des Prinz-Luipold-Hauses als gemütliche Zwischenstation genutzt. Das alpine Gesamt-erlebnis steht hier vor rassigen Abfahrtslinien im Vordergrund.

Fischen im Allgäu

OA 4

Hinterstein

Wiisalpsee

Traualps

Breitach

Oberstdorf

B 19

Kornau

31

Freibergsee

L 201

L 264

Start & Ziel & Anreise

Start und Rückkehrpunkt der Tour ist das Prinz-Luitpold-Haus, auf welchem, richtig ausgestattet, eine gemütliche Nacht verbracht werden kann. Die Beschreibung des Zustiegs bis hierhin findet ihr bei der Tour auf den Glasfelderkopf.

Tourenbeschreibung

Wir nutzen die komfortable Unterbringung auf dem Prinz-Luitpold-Haus, um die Gesamtstrecke auf den Hochvogel auf zwei Tourentage aufzuteilen. Die ansonsten mit rund 2.000 Höhenmetern äußerst anspruchsvolle Tour lässt sich so auf die Hälfte reduzieren. Da wir auf dem Rückweg wieder am Winterraum vorbeikommen, können wir gewichtsreduziert den Gipfeltag genießen.

Die ersten 340 Höhenmeter zur Balkenscharte legen wir direkt ab der Hütte zurück. Dafür umgehen wir den See, welcher im Winter eine tiefe und gefrorene Mulde darstellt, unterhalb der Westflanke des Wiedemerkopfs. Danach steigen wir in die Scharte zwischen Fuchskarspitze und Balkenspitze auf. Ostseitig der Scharte lohnt es sich meist einige Meter der Abfahrt zu genießen. Wir fahren maximal bis zu einer Höhe von 2.000 Metern ab, fellen wieder auf und queren in südliche Richtung unterhalb der Balkenspitze. Wir steigen durch den einen kleinen Felsrücken und queren weiter in den Kalten Winkel. Dieser ist der Einschnitt zwischen Kreuzspitze und Hochvogel und markiert auch den höchsten Punkt der Tour für unsere Ski. Hier tauschen wir Ski gegen Steigeisen und gegebenenfalls Pickel. Vom Kalten Winkel folgen wir dem Sommerweg durch das felsdurchsetzte Gelände in leichter Kletterei für weitere 250 Höhenmeter auf den Gipfel.

Bei der Abfahrt können wir den Kalten Winkel je nach Motivation etwas weiter ins Schwarzwassertal abfahren und den Felsriegel der Balkenspitze tiefer umgehen. Auf 1.900 Metern Höhe lässt sich dieser bereits gut unterschreiten, wobei das Gelände hier oft mit guten Bedingungen lockt, aber weiter sollte hier nicht abgefahren werden. Man wird hier schon mit einer weiteren schönen Abfahrt belohnt. Natürlich verlängern diese zusätzlichen Höhenmeter auch den Aufstieg zurück zur Balkenscharte. Zurück zum Luitpold-Haus fahren wir die Scharte westseitig ab und folgen unseren Aufstiegsspuren.

Der Hochvogel sticht auch von Weitem noch heraus

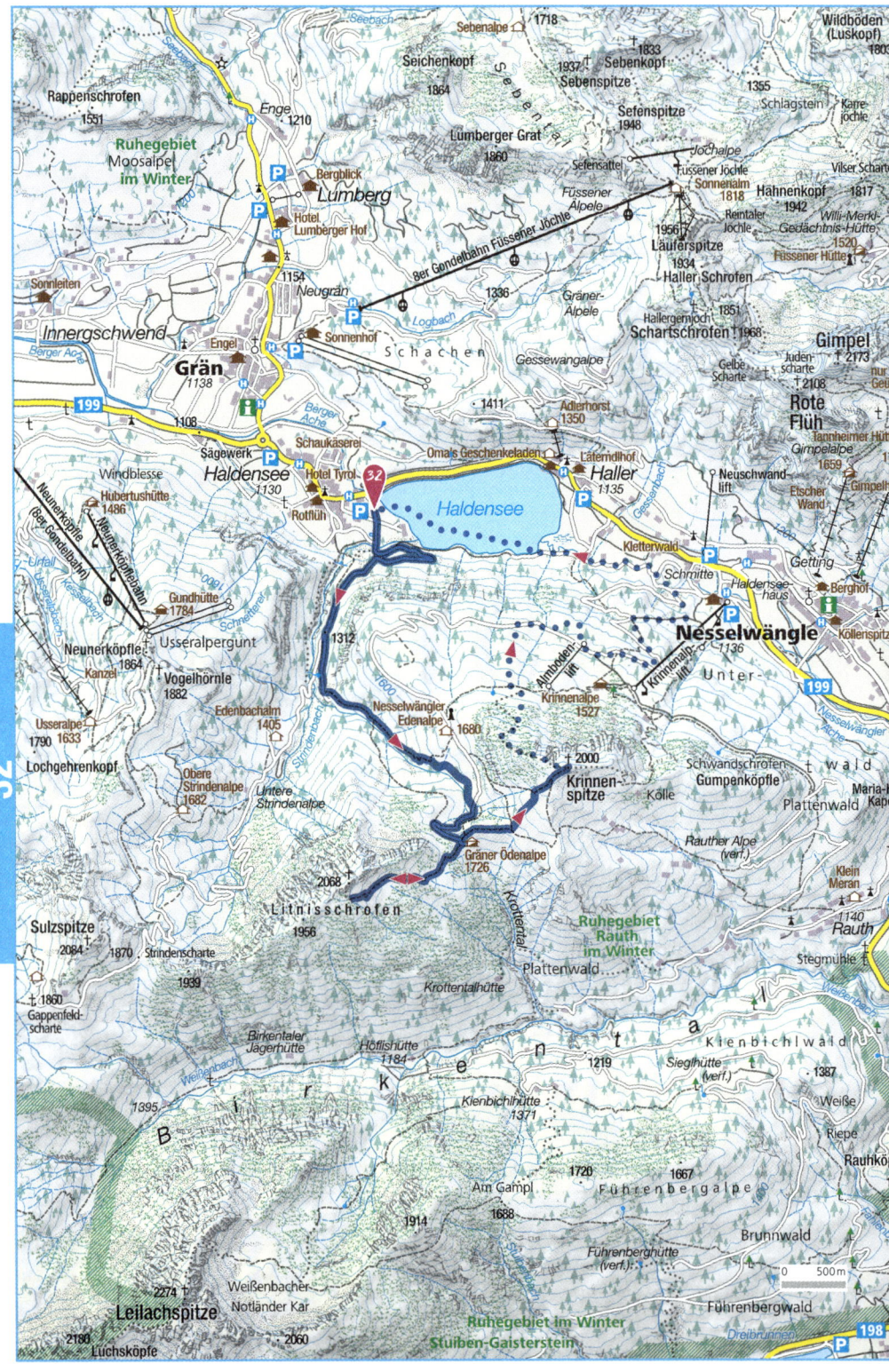

32

Skitour

Litnisschrofen – Krinnenspitze
Doppeltes Gipfelglück im Tannheimer Tal

DAUER	5h
LÄNGE	18,1 km
HÖHENMETER	1.330 hm
TECHN. ANSPRUCH	MITTEL
EXPOSITION	Norden

Das erwartet dich ...

Litnisschrofen und Krinnenspitze sind zwei Gipfel, die sich wunderbar mitein-ander verbinden lassen und dabei auch noch ihre jeweiligen Vorteile vollends ausspielen. Stellt der Litnisschrofen einen lohnenswerten Gipfel dar, begeistert dessen Abfahrt durch das Strindental eher weniger. Die nordseitige Abfahrt der Krinnenspitze jedoch ist skifahrerisch Traumgelände und nur wenige Aufstiegs-meter entfernt.

Start & Ziel & Anreise

Start unserer Tour ist der Haldensee. Auf der Westseite des Sees gib es zwei groß-räumige Parkplätze. Der Haldensee liegt zentral im Tannheimer Tal, wir erreichen ihn über das Oberjoch an Schattwald und Tannheim vorbei. Oder über Reutte und den Gaichtpass aus dem Lechtal herauf.

Tourenbeschreibung

Vom hinteren Parkplatz an der westlichen Seite des Haldensees startend über-queren wir zuerst den Strindenbach und folgen dem oberen der zwei Waldwege in das gleichnamige Tal aufsteigend. Nach 230 Höhenmetern endet der breite Waldweg und geht in einen schmaleren Pfad über. Diesen Sommerweg folgen wir bis knapp unterhalb der Nesselwängler Edenalpe, lassen diese aber oberhalb liegen und steigen weiter dem Bachverlauf folgend zur Gräner Ödenalpe auf. An dieser einige Meter oberhalb vorbei queren wir in Richtung Südwesten.

Südlich unterhalb des Gipfels steigen wir weitere 100 Höhenmeter auf. Kurz un-terhalb lassen wir unsere Ski stehen und erklimmen den Gipfel in leicht felsdurch-setztem Gelände. Für die Abfahrt und Überfahrt Richung Krinnenspitze folgen wir unseren Aufstiegsspuren. Wieder oberhalb der Ödenalpe orientieren wir uns ostseitig und nicht zurück das Tal hinab. Von hier steigen wir in der Westflanke für weitere 250 Höhenmeter auf.

Um in die Nordflanke der Krinnenspitze einfahren zu können müssen wir zuerst einige Meter auf dem Westrücken abfahren. Je weiter wir uns vom Gipfel entfernen, desto flacher und technisch weniger anspruchsvoll verläuft das Gelände. Somit kann jeder den eigenen Schwierigkeitsgrad frei wählen.

Unterhalb der Nordflanke treffen wir auf den Gipfellift des Skigebiets und können den Abfahrtspisten in Richtung der Talstation folgen. Ungefähr 400 Meter vor der Station empfiehlt es sich auf den zum Haldensee führenden Waldweg abzubiegen. Diesem folgen wir bis zum Ostufer des Sees. Ist der See ausreichend zugefroren verläuft die Langlaufstrecke des Tals üblicherweise in Längsrichtung über den See. Diese können wir nutzen, um unschwierig an die Westseite zurückzukehren. Alternativ dem Waldweg weiter folgen und den Strindenbach wieder zurück zum Parkplatz überqueren.

Blick vom Neunerköpfle auf die Krinnenspitze (links) und Litnisschrofen (rechts)

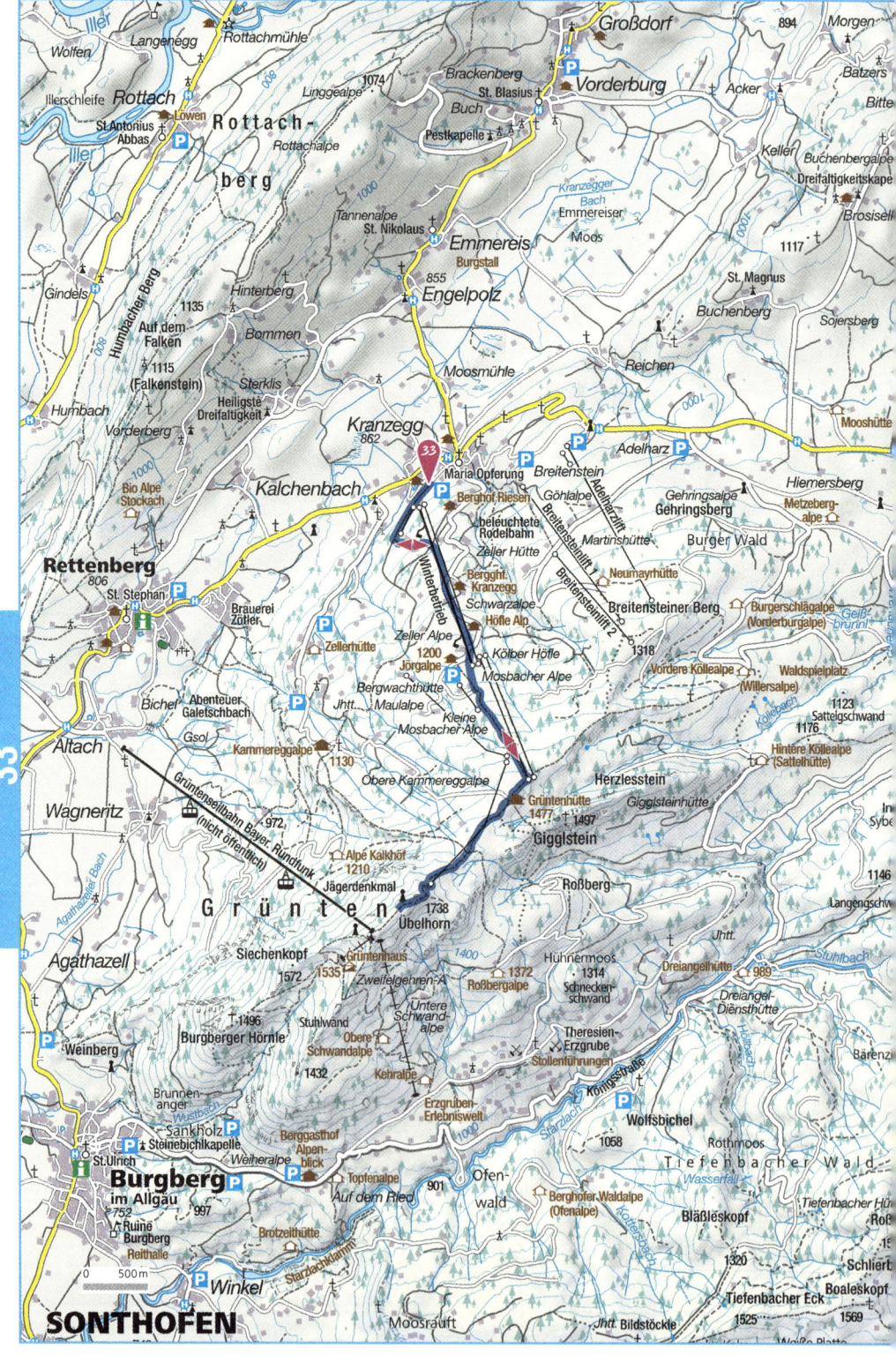

33

Skitour

Grünten
Der Wächter des Allgäus

DAUER	2h 30min
LÄNGE	8,9 km
HÖHENMETER	860 hm
TECHN. ANSPRUCH	LEICHT
EXPOSITION	Norden

Das erwartet dich ...

Redet man vom Allgäu, kommt fast immer auch der Grünten zur Sprache. Mit seinen 1.738 Metern Höhe ist er einer der höchsten in vorderster Reihe und der markante Sendeturm auf seiner Spitze verhilft ihm zusätzlich zu Prominenz und Erkennbarkeit. Seit dem kontinuierlich und fortlaufenden Rückgang des Skibetriebs hat sich der Grünten zum perfekten Einsteiger-, Anfänger-, Übungs- und Testtourenberg etabliert.

Start & Ziel & Anreise

Start und Ziel ist Kranzegg mit komfortabler Parkmöglichkeit auf dem Parkplatz der Grüntenlifte. Kranzegg erreichen wir über die B 19 von Burgberg über Rettenberg oder von Osten über die A 7 bei Oy-Mittelberg abfahren und durch Wertach.

Tourenbeschreibung

Der Aufstieg von der Talstation der Grüntenlifte bis zur Grüntenhütte auf 1.477 Meter Höhe ist orientierungstechnisch simpel und folgt in direkter Linie den zwei Liften. Direkt ab dem Parkplatz folgen wir zuerst dem Übungslift flach in südwestlicher Richtung und steigen dann parallel zur Sesselbahn auf. An der Mittelstation vorbei steigen wir weiter zwischen Wedellift zu unserer Rechten und den Bergliften zu unserer Linken auf. An der Grüntenhütte vorbei nutzen wir den Gipfellift als Orientierungshilfe und steigen bis zu dessen Gipfelstation auf. Diese befindet sich auf 1.630 Metern Höhe. In wenigen Spitzkehren überwinden wir die nächsten 50 Höhenmeter bis zum felsdurchsetzten Gelände. Hier lohnt es sich ein Skidepot einzurichten und die letzten Meter in Richtung Westen auf den Gipfel zu Fuß zurückzulegen.

Den Gipfel des Grünten markiert das Jägerdenkmal, eine Erinnerung an die gefallenen Gebirgsjäger des 1. Weltkriegs. Die Abfahrt vom Grünten erfolgt technisch wenig anspruchsvoll entlang der Aufstiegsspur. Aufgrund der nicht betriebenen Skilifte waren auch die Abfahrtspisten des Grünten in den vergangen Jahren nicht präpariert und daher ein perfektes Übungsgelände für Tourenanfänger und Einsteiger. Das nicht zu steile Gebiet ist prädestiniert für die ersten Schwünge in Tiefschnee und abseits gepflegter Pisten.

Autoren Tipp

Die Tour auf den Wächter des Allgäus sammelt zusätzlich Genusspunkte und lässt sich weiter entspannen, wenn man eine der vielen Einkehrmöglichkeiten auf Abstieg oder Abfahrt nutzt. Meist auch im Winter bewirtschaftet, unabhängig davon ob die Lifte laufen oder nicht, sind die Höfle Alp, Jörgalpe und natürlich die Grüntenhütte.

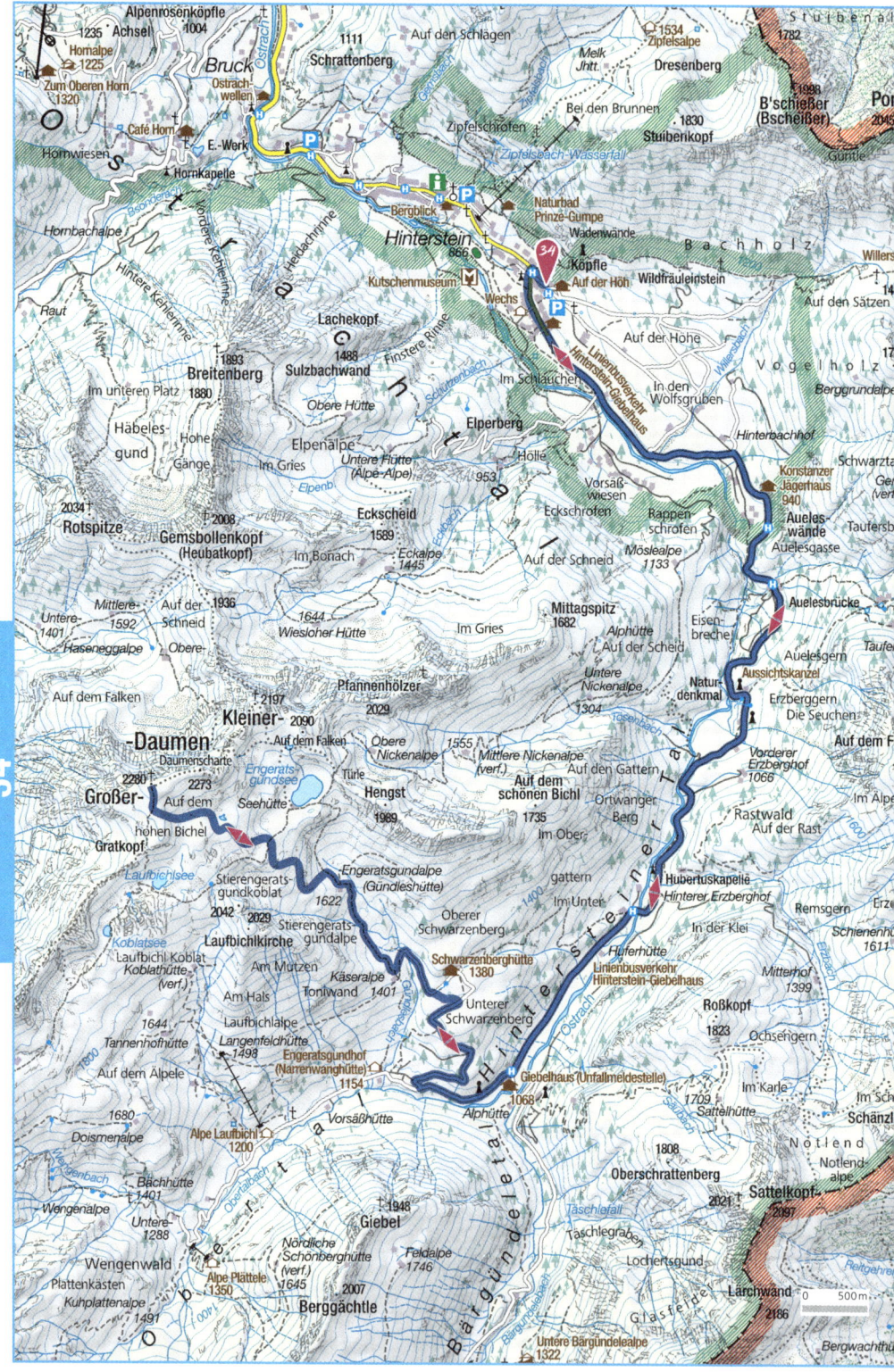

34

Skitour

Großer Daumen
Beliebte Skitour aus dem Hintersteiner Tal

DAUER	5h
LÄNGE	13,6 km
HÖHENMETER	1.200 hm
TECHN. ANSPRUCH	MITTEL
EXPOSITION	Südosten

Das erwartet dich ...

Der Große Daumen ist im Sommer wie auch im Winter ein beliebter Tourenberg. Der Grat vom Nebelhorn bis zum Daumen ist vor allem durch seinen Klettersteig berühmt. Die Tour auf den Daumen ist trotz ihrer Länge nicht nur den Profis vorbehalten, da sie skitechnisch keine großen Schwierigkeiten bereithält.

Skitour

Start & Ziel & Anreise

Start unserer Tour ist wieder einmal Hinterstein, genauer der Parkplatz „Auf der Höh". Hier haben wir wieder die Wahl das Giebelhaus, unseren eigentlichen Skitouren-Start, per Bus oder mitgebrachtem Rad zu erreichen. Hinterstein erreichen wir über die B 19 bei Sonthofen abfahrend und in Bad Hindelang nach Süden abbiegend.

Tourenbeschreibung

Auch mit dem Großen Daumen haben wir wieder eine abwechslungsreiche Tour vor uns. Die rund 230 Höhenmeter und 9 Kilometer bis zum Giebelhaus können wir wieder mit dem Rad oder dank der gut frequentierten Busverbindung zurücklegen. Ab dem Giebelhaus kommen unsere Ski und Felle zum Einsatz.

Die ersten Meter folgen wir dem Weg ins Obertal Richtung Engeratsgundalpe. Nach bereits 900 Meter gehen wir nicht weiter zur Alpe, sondern folgen dem Fahrweg für 250 Höhenmeter. Kurz vor der nächsten Alpe auf 1.400 Metern Höhe biegen wir rechts in den weiten offenen Hang unterhalb des Engeratsgundsees ein. Nach 500 Höhenmetern haben wir den See zu unserer Rechten und die Laufbichler Kirche mit ihren 2.042 Metern Höhe zu unserer Linken. In gerader Linie steigen wir weitere 300 Höhenmeter bis auf den Südrücken des großen Daumens auf. Diesem folgen wir für die letzten wenigen Meter bis zum Gipfel.

Der Große Daumen ist einer der wenigen hohen Allgäuer Berge, auf die wir bis zum Gipfelkreuz mit den Skiern steigen können. Der vom Großen Daumen wegführende südwestliche Grat, welcher im Sommer den berühmten Hindelanger Klettersteig darstellt, trifft nach rund 4 Kilometern auf das 60 Meter niedriger liegende Nebelhorn. In nördlicher Richtung befindet sich zuerst der Kleine Daumen und die dahinterliegende Rotspitze und Heubatspitze.

Um zurück zum Giebelhaus zu gelangen folgen wir unschwierig unseren Aufstiegsspuren.

Auf dem Weg zum Giebelhaus

Tour 35

Skitour

35

Iseler
Einsteiger-Skitour im Oberjoch

DAUER	2h
LÄNGE	3,9 km
HÖHENMETER	670 hm
TECHN. ANSPRUCH	LEICHT
EXPOSITION	Norden

Das erwartet dich ...

Das Oberjoch ist ein Sammelbecken für den Wintersport und ist vor allem für Einsteiger und Neulinge prädestiniert. Auch für Skitourengeher bietet sich hier eine sehr einfache Tourenmöglichkeit, um die ersten Spitzkehren und Abfahrtsmeter in freiem Gelände zu proben.

Skitour

Start & Ziel & Anreise

Das Oberjoch erreichen wir von Norden am schnellsten über die A 7, Abfahrt bei Oy-Mittelberg, an Wertach und Unterjoch vorbei. Rechts und links der Straße in Richtung Tannheim bieten sich viele großräumige Parkmöglichkeiten. Für den Tourenstart eignet sich am besten der große Parkplatz Moorbad.

Tourenbeschreibung

Das über 1.000 Meter hoch gelegene Oberjoch ist im Sommer und vor allem im Winter Reiseziel vieler Wintersportler. Hier bleibt der Neuschnee schon früh in der Saison liegen und hält oft überraschend lange bis in den Frühling. Die nordseitige Ausrichtung und die oft sehr gut präparierten Pisten der Oberjochbahnen tragen zusätzlich dazu bei, dass man hier lange den Wintersport genießen kann.

Für unseren Tourenstart nutzen wir die Unterführung, um vom Moorbad-Parkplatz die Straße Richtung Iselerbahn zu überqueren. Den Skiaufstieg beginnen wir direkt an der Talstation der Iselerbahn. Dem Pistenverlauf bis zur Bergstation folgen wir rund 400 Höhenmeter. Wer zu Betriebszeiten der Bahn aufsteigt und dem Trubel auf der Piste entgehen möchte, dem sei der etwas westlich liegende Aufstieg vorbei am Berghotel Mattlihüs empfohlen. Hier geht es unschwierig durch eine der Waldschneisen hoch.

Ab der Bergstation steigt die Steigung des Hanges an und verlässt damit auch das präparierte Skigebiet. Ab hier befinden wir uns im freien Skitourengelände, welches nur mit entsprechender Lawinenausrüstung und ausreichend Wissen begangen werden sollte.

Bis zum Iselergrat überwinden wir weitere 250 Höhenmeter. Wer auf den Gipfel möchte, muss die Ski hier zurücklassen. Die restlichen rund 300 Meter lassen sich meist nicht auf Ski zurücklegen.

Für die Abfahrt kehren wir vom Gipfel zum Skidepot zurück und folgen den Aufstiegsspuren nach Oberjoch.

Iselerbahn im Oberjoch-Skigebiet

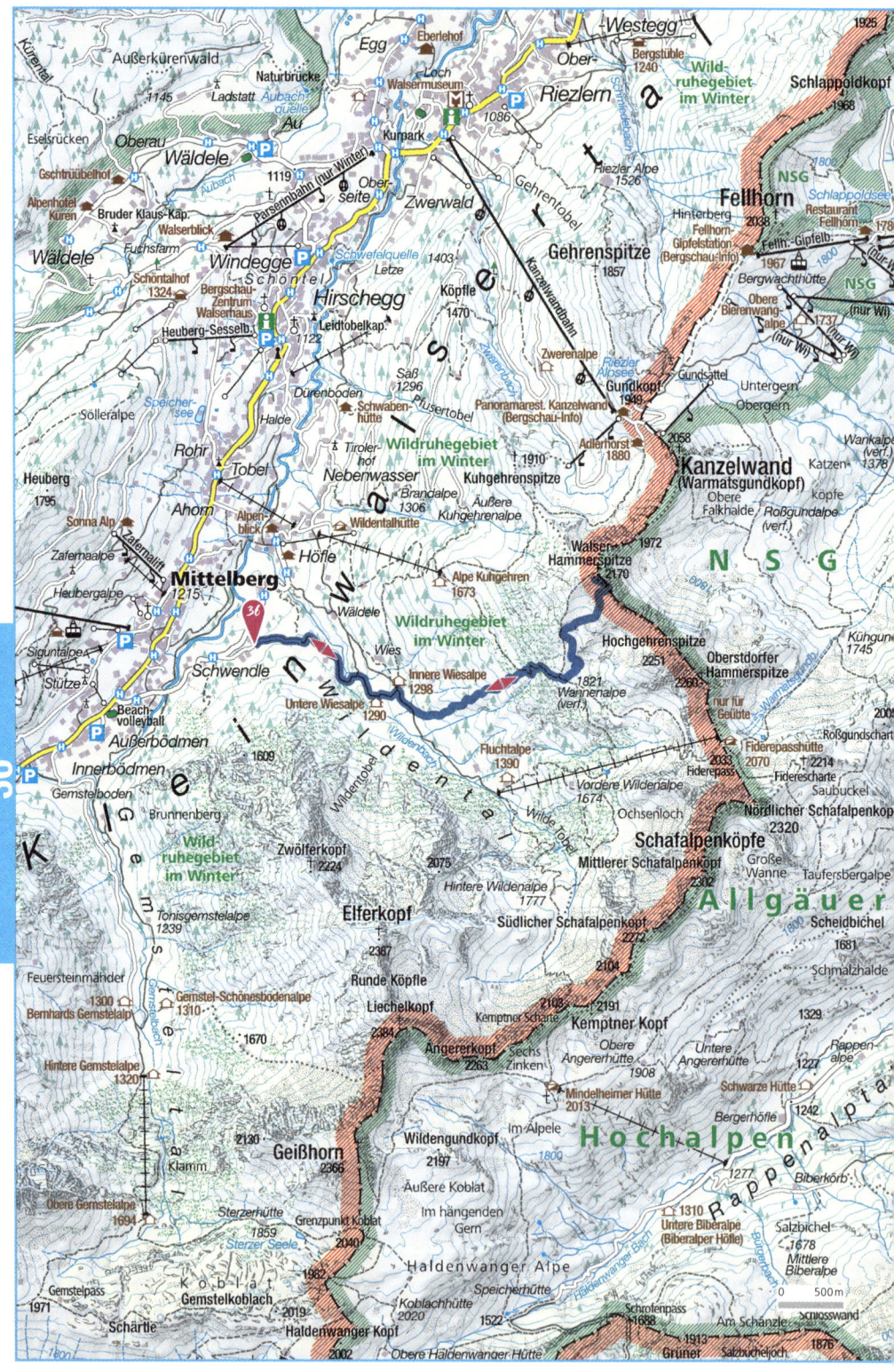

36

Skitour

Walser Hammerspitze
Ausweichtour bei viel Schnee im Kleinwalsertal

DAUER	4h 30min
LÄNGE	8,9 km
HÖHENMETER	990 hm
TECHN. ANSPRUCH	MITTEL
EXPOSITION	Südwesten

Das erwartet dich ...

Die Skitour fernab des Skibetriebs führt uns weit weg von Hektik und Stress und wir tauchen ein in die Ruhe des Winters. Auf dem Gipfel erwartet uns nach einem sportlichen Aufstieg ein atemberaubendes Panorama auf das Kleinwalsertal, zur Kuhgehrenspitze und dem Elfer und Zwölfer. Das Wildental ist auch bei Winterwanderern beliebt, deswegen ist anfangs Vorsicht und Rücksichtnahme geboten.

Start & Ziel & Anreise

Um zum Startpunkt, dem Parkplatz des Alpengasthofs Bergheim Moser zu gelangen, fahren wir von Norden auf der B 19 an Oberstdorf vorbei ins Kleinwalsertal. In Mittelberg Richtung Baad, kurz vor Ortsausgang linker Hand in das Wildental einfahren. Gute Parkmöglichkeit bereits am Wanderparkplatz Schwendle. Die Fahrstraße zum Bergheim Moser ist bei Neuschnee schlecht befahrbar, der Parkplatz bietet nur wenigen Fahrzeugen Platz.

Tourenbeschreibung

Häufig sind besonders im Kleinwalsertal die Schneebedingungen besonders gut und werden dort auch gut konserviert. Das hat sich natürlich schon herumgesprochen, sodass dort an vielen Tagen reger Skitouren-Betrieb herrscht. Die Klassiker sind dann schnell überlaufen. Ist man auf der Suche nach Alternativen lohnt es sich, einen Blick auf die Walser Hammerspitze zu werfen. Aufgrund des Geländes (Ziehweg und Wald im unteren Bereich) und der Exposition sollte allerdings eine solide Schneegrundlage vorhanden sein, um auch an der Abfahrt Freude zu haben.

Ab dem Parkplatz folgt man dem Weg (Schranke) weiter ins Wildental hinein Richtung Innere Wiesalpe (1.300 m üNN). Ein wenig südlich der Alpe den Hang Richtung Osten aufsteigen bis auf circa 1.700 m üNN, dort trifft man auf den Sommerweg, auf dem man eine kleine Steilstufe überwindet und in einer Kurve

Richtung Süden die sogenannte Wanne erreicht. Hier öffnet sich das Gelände wieder.

Im nun freieren Gelände Richtung Norden, später Nordosten aufsteigen bis zur Einsattelung zwischen Walser Hammerspitze in Blickrichtung links und Hochgehrenspitze rechts; dem Grat bis zum Gipfel folgen.

Die Abfahrt erfolgt entlang der Aufstiegsroute. Die lohnendsten Meter sind dabei sicherlich im Gipfelhang zu finden, für die sich vielleicht sogar ein erneuter Aufstieg ab der Wannenalpe lohnt, bevor es weiter hinab ins Tal geht.

Der Talort Mittelberg im Kleinwalsertal

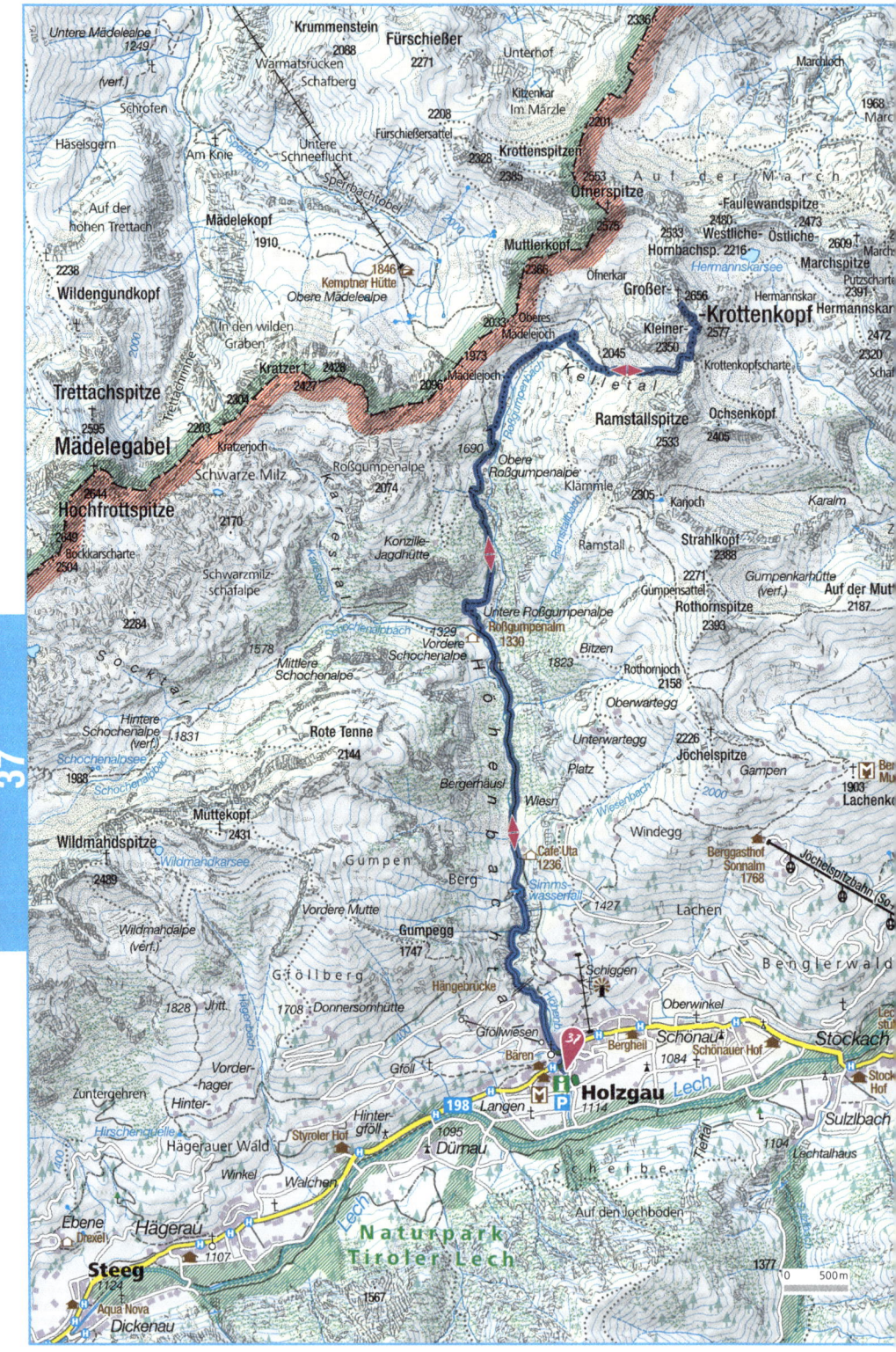

Skitour

Großer Krottenkopf

Lange Bergtour auf den höchsten Berg der Allgäuer Alpen

DAUER	6h
LÄNGE	18 km
HÖHENMETER	1.550 hm
TECHN. ANSPRUCH	SCHWER
EXPOSITION	Süden

Das erwartet dich ...

Zustieg aus dem Lechtal, von Holzgau aus. Zuerst lange ins Tal hinein, ab der Roß-gumpenalpe zunehmend steiler, im Sommer viel begangen (erste längere Etappe des Weitwanderwegs E5 nach Start in Oberstdorf und Übernachtung auf der Kemptner Hütte westlich des Großen Krottenkopfs).

Start & Ziel & Anreise

Von Norden über Kempten der A7 folgen bis nach Füssen und weiter über die B179 nach Reutte. Von Osten über die A95 kommend in Oberau abfahren Richtung Plansee und an diesem entlang bis nach Reutte. Von dort aus nicht weiter Richtung Fernpass, sondern ins Lechtal und der B198 folgen bis nach Holzgau. Der Parkplatz befindet sich zentral in der Ortsmitte.

Tourenbeschreibung

Auch wenn der Große Krottenkopf der höchste Berg der Allgäuer Alpen ist, gehen nicht viele den Weg zu seinem Gipfel. Insbesondere im Winter kann man hier einsame Stunden verbringen. Das mag auch am etwas zähen und langen Zustieg von Holzgau aus liegen. Die Gemeinde im oberen Lechtal findet im Sommer deutlich mehr Zulauf, da dort der bekannte Fernwanderweg E5 Station macht, den viele für eine Alpenüberquerung wählen. Im Winter startet man in Holzgau und geht damit in entgegengesetzter Richtung nach Norden Richtung Mädelejoch. Unterhalb des Jochs und des Übergangs zur Kemptner Hütte wendet man sich aber nach rechts Richtung Osten.

Vom Parkplatz verlässt man Holzgau Richtung Norden und folgt dem Höhenbachtal. Recht bald hinter dem Ort steilt das Gelände leicht auf bis kurz vor dem sehenswerten Simms-Wasserfall. Ab hier zieht das Tal recht lang und mit mäßigem Höhengewinn Richtung Untere Roßgumpenalpe auf 1.330 m üNN. Nun etwas steiler weiter hinauf vorbei an der Oberen Roßgumpenalpe (1.690 m üNN) bis auf 1.800 m üNN. Hier verlässt man den Weg (sofern dieser gespurt sein sollte) zum Mädelejoch und folgt weiter dem Tal parallel zum Roßgumpenbach. Auf 1.850 m üNN wendet man sich in einem langen Rechtsbogen Richtung Osten dem Kelletal zu und folgt dem in der Senke aufsteigenden Sommerweg hinauf zur Krottenkopfscharte. Je nach Schneeverhältnissen empfiehlt es sich häufig, dort ein Skidepot zu machen. Weiter hoch geht es entlang oder leicht westlich des steilen Südgrates, bevor man nach ca. 200 Höhenmetern die letzten Meter Richtung Nordwesten zum Gipfel hinaufzieht.

Die Abfahrt erfolgt entlang der Aufstiegsspuren oder ab der Scharte, falls dort ein Skidepot gemacht wurde. Eine Abfahrt über die Nordrinne ist sehr eng und steil und damit nur sehr guten Abfahrern bei besten Bedingungen vorenthalten und mit einem Gegenanstieg von gut 100 Höhenmetern zurück in die Krottenkopfscharte verbunden.

Steil geht es bergauf

Gerachsattel 1752
Wild-ruhegebiet im Winter
Steinmandl 1982
Schwarzwasseralpe 1620
Schwarzwasserhütte 1620
Alpe 1346 Melköde
Trichter
Gletscher-mühlen
1340
Untere Walmendingenalpe 1424
Sölleralpe
Heuberg 1795
Sonna Alp
Zollhütte
1598 Melkochsenhofalpe
Galtochsenhofalpe
Knechtsälpele
Obere Walmendingeralpe 1585
Walmendinger Horn 1990
Zafernaalpe
Zafern
Mittelberg 1215
Grünhorn 1850
Ochsenhofer Köpfe
Muttelbergkopf 1989
Gipfelstuba 1940
Walmendingerhornbahn
Geo-Aussichts-plattform
Schreckenmähder
Heubergalpe
Ochsenhofer Scharte
Litzescharte
Obere Lüchlealpe
Muttelbergalpe
(nur Wtr)
Alpsennerei Stutzalpe 1500
Bühlalpe 1435
Max'Hütte
Siguntalpe
Stütze
Außerbödn
Althornbachalpe 1666
Innere Stierhofalpe
Starzelalpe 1678
1571
Untere Lüchlealpe
Hennenalpe
Café Alpenwald
Erlenboden
Inner-
Pisialpe 1405
Starzeljoch 1867
1678
Turaalpe
Innere 1386
Äußere
Baad 1244
Starzelhaus
Dürrabach
38
Vorderboden
Alpenwald
Gemstelboden
201
1229
Sattelalpe (verf.)
Hochstarzel 1974
Unspitze 1926
Obere Spitalalpe
Mittlere Spitalalpe 1580
Untere Spitalalpe
Untere Derrahütte 1300
Eggalpe
Zügalpe
Bärenweide
Bärenweidealpe
Häfen
Derrajoch
Ob. Derra-Alpe
Derraköpfle 1378
1813
Derratobel
1289
Äußere Widdersteinalpe
Alpe Widderstein Jhtt.
2083 Bärenkopf
Feuersteinmähder
Bernhards Gemstelalp 1300
Güntlespitze 2092
Wannenberg 1830
Bärgunt-Hütte 1408
Kleiner Widderstein 1320
Hintere Gemstelalp
Häfnerjoch 1979
Vorderüntschenalpe 1759
Üntschenjoch 1854
Stierlochalpe 1515
Jhtt.
Hinterüntschenalpe
Bärguntal
Großer Widderstein 2533
Karlstor
2236
2360
Obere Gemstelalpe 1694
Gamsfuß 1990
Wurzenegg
Älpelekopf 2170
Alpele
1722
Hochalpsee
Heiterberg 2192
Weißer Schrofen 2140
Seekopf 2039
Hochalp-Alpe
Nur für Geübte!
Widdersteinhütte 2009
Gemstelpass 1971
Schärt
Girsbergwald
Lägeralpe 1692
Wanne
Riesengrindalpe (verf.)
Beliseggalpe (verf.)
Höferspitze 2131
Hochalppass 1938
Hochalppass
Krumbacher Halde
Gerichtsstätte
Sonnenberg
Obere-
Höferbergalpe
Untere Widdersteinalpe
1666 Hot. Adler
Hochkrumbach
1800
Untere-Schlössle
Hochtannbergpass 1676
Weitfriedenskreuz
1700
Unterkrumbach
Kuchealpe
Jägeralpe 1936
Jägeralp-Express
Züge 1540
Sutzalpe Jhtt.
Joch
200
Käsestube
Rest. "S1"
Körbalpe
Hochalphütte
Landsteg 1436
Geiersbergalpe
Wald
Alp
Halde
Neßlegg
Wit, lealpe
Seelbach
Kälbelesee
Kälbelealpe
Salober-Jet
Hochalpbahn
Krumbacher A.
Holzbod
Jägeralp (nur Wtr)
Schwand
Oberboden
Schnitte
Neßlegg
Holzschopf
Pflanzen-schutzgebiet
Körbersättel 1792
2043
Saloberkopf
Karhorn 1936
Karhornbahn
Wantharhorn
Unterboden 1158
Abenteuerpark Schröcken
Villa Schäschli
Stutz
Fellerwald
Oberwaldalpe 1367
Schröcken 1269
Falkenkopf (nur Wtr)
Berghotel Körbersee
Körber Stieralm
Saloberalm (verf.)
Tannberg
Salober-Jet
Sonnencruiser
Roter Platz 1547
Silberbergalpe
Neubodenalpe
Körbersee 1656
Körbersee NSG
Saloberkopf
Sonnenjet (nur Wtr)
Auenfelder
2292
Gamsegg 1795
Älpele
Bühelalpe
Batzealpe
Alpmuseum "Ut'm Tannberg"
Karhorn

0   500 m

38

Skitour

Höferspitze
Von Baad auf die beliebte Höferspitze

DAUER	4h
LÄNGE	13 km
HÖHENMETER	890 hm
TECHN. ANSPRUCH	MITTEL
EXPOSITION	Nordwesten

Das erwartet dich ...

Baad ist ein absoluter Hotspot für viele Skitouren unterschiedlichster Schwierigkeiten, Längen und Expositionen. Eine der beliebtesten und lohnendsten Touren
ist die Höferspitze. Durch das schöne Bärgunttal genießt man einen entspannten
Einstieg und wird im oberen Teil mit gutem Skigelände entlohnt.

Riezlern

Mittelberg

Au

L 201

L 193

L 202

38

Start & Ziel & Anreise

Tourenstart ist der große Wanderparkplatz in Baad. Die südlichste Spitze der Enklave Kleinwalsertal erreicht man nur über Norden auf der B 19 vorbei an Immenstadt und Sonthofen. Vor Oberstdorf hält man sich rechts Richtung Riezlern und folgt von hier der Straße bis in das kleine Bergdorf. Großräumige Parkmöglichkeiten und gute Busanbindung von Riezlern bis Baad.

Tourenbeschreibung

Wir starten am Parkplatz in Baad und steigen entspannt die ersten 160 Höhenmeter durch das Bärgunttal zur gleichnamigen Hütte auf. Hierzu halten wir uns immer auf dem gut präparierten Weg leicht versetzt des unterhalb fließenden Bachs. An der Bärgunthütte vorbei verlassen wir den präparierten Fahrweg und tauchen in das dahinterliegende bewaldete Gelände ein. Über eine kleine Brücke und an der alten Materialseilbahn der Stierlochalpe vorbei steigen wir rund 270 Höhenmeter auf.

Auf 1.650 Metern Höhe betreten wir das freie Skigelände des hinteren Bärgunttals. Zu unserer Linken, im Osten, sehen wir den imposanten Widderstein. Die Höferspitze liegt in direkter südlicher Richtung. Hierfür müssen wir auf den folgenden 150 Höhenmetern die Steilstufe überwinden. Die Wegfindung gestaltet sich durch den auch im Winter gut sichtbaren und teilweise in den Fels geschlagenen Sommerweg unkompliziert. Der Schlusshang wird zunächst bis zum Grat in östlicher Richtung aufgestiegen. Entlang des Grates steigen wir dann weiter auf den Gipfel der Höferspitze auf.

Für die Abfahrt folgen wir überwiegend unseren Aufstiegsspuren, können jedoch auf 1.600 Metern Höhe den Sommerweg umgehen, indem wir den Hang ein kleines Stück weiter Richtung Norden queren und in einer Waldschneise abfahren. Nach Baad zurück kommen wir ohne weitere Anstrengung auf dem präparierten Fahrweg.

Autoren Tipp

Die Bärgunthütte ist meist auch in den Wintermonaten geöffnet und steht Skitourengehern für Trank und Speis zur Verfügung. Von hier lässt sich wunderbar die wilde Nordseite des Widdersteins einsehen und die nächste Tour auf einen der umliegenden Skitourenberge planen. Guten Einblick hat man auch auf die Aufstiegsroute zum Bärenkopf.

39
Hinterstein
866
Hornkapelle
Naturbad Prinze-Gumpe
Wadenwände
Bachholz
Köpfle
Willersalpe
1459
Auf der Höh
Wildfräuleinstein
Kutschenmuseum
Wechs
Bergblick
1564
Strausberg
Hornbachalpe
Auf den Sätzen
1444
Vordere Kehlerinne
Hintere Kehlerinne
Herdachrinne
Raut
Schweizer Wald
Lachekopf
1488
Finstere Rinne
Auf der Höhe
Vogelholz
1703
Breitenberg
1893
Sulzbachwand
Im unteren Platz
1880
Obere Hütte
Linienbusverkehr Hinterstein-Giebelhaus
Im Schläuchen
In den Wolfsgruben
Berggründalpe
Häbelesgund
Hohe Gänge
Elpenalpe
Im Gries
Untere Hütte (Alpe Alpe)
Elperberg
Hölle
953
Hinterbachhof
Schwarztaufen
Gernalpe (verfallen)
Konstanzer Jägerhaus
940
Vorsaßwiesen
Eckschrofen
Rappenschrofen
Aueleswände
Auelesgasse
Taufersberg
2034
Rotspitze
2008
Gemsbollenkopf (Heubatkopf)
Eckscheid
1589
Im Bonach
Eckalpe
1445
Auf der Schneid
Möslealpe
1133
Auelesbrücke
Untere
1401
Mittlere
1592
Auf der Schneid
1936
1644
Wiesloher Hütte
Im Gries
Mittagspitz
1682
Alphütte Auf der Scheid
Eisenbreche
Auelesgern
Taufersalpe (verf.)
Ställenalpe
Haseneggalpe
Obere
Bei den Ställen
Auf dem Falken
Pfannenhölzer
2029
2197
Untere Nickenalpe
1304
Naturdenkmal
Aussichtskanzel
Erzberggern
Die Seuchen
Kleiner-Daumen
2090
Auf dem Falken
Obere Nickenalpe
1555
Mittlere Nickenalpe (verf.)
Auf dem Falk
Vorderer Erzberghof
1066
Daumenscharte
2273
2280
Großer-
Engeratsgundsee
Türle
Hengst
1989
Auf dem schönen Bichl
1735
Auf den Gattern
Ortwanger Berg
1905
Im Älpele
Älpelekopf
Auf dem hohen Bichel
Seehütte
Gratkopf
Im Ober-gattern
Rastwald
Auf der Rast
Laufbichlsee
Stierengeratsgundkoblat
2042
1622
Engeratsgundalpe (Gündleshütte)
Hubertuskapelle
Hinterer Erzberghof
Im Unter-
Erzeck
Remsgern
2029
Laufbichlkirche
Stierengeratsgundalpe
Oberer Schwarzenberg
In der Klei
Schienenhütte
1611
Koblatsee
Laufbichl Koblat
Koblathütte (verf.)
Am Mutzen
1401
Käseralpe
Schwarzenberghütte
1380
Hinterer Tal
Huferhütte
Linienbusverkehr Hinterstein-Giebelhaus
Mitterhof
1399
Östlicher Wengenkopf
2235
Am Hals
Toniwand
Unterer Schwarzenberg
Roßkopf
1823
Ostrach
1644
Laufbichlalpe
Langenfeldhütte
1498
Tannenhofhütte
Engeratsgundhof (Narrenwanghütte)
1154
Giebelhaus (Unfallmeldestelle)
1068
Ochsengern
Auf dem Älpele
Im Karle
Im Schänzle
Schä
1680
Doismenalpe
Alpe Laufbichl
1200
Vorsäßhütte
Alphütte
1709
Sattelhütte
Notlend
Notlendalpe
Schänzle
1808
Oberschrattenberg
Obere
1826
Bachhütte
1401
Oberstal
1948
Giebel
2021
Sattelkopf
2097
Wengenalpe
Untere
1288
Nördliche Schönberghütte (verf.)
1645
Feldalpe
1746
Taschlegraben
Lochertsgund
Wengenwald
Alpe Plättele
1350
Plattenkästen
Kuhplattenalpe
1491
Berggächtle
2007
Reitgehrenbach
Larchwand
2186
Großer-Seekopf
2085
Kleiner-
2096
Breitengern
2011
Glasfelde
Bergwachthütte
Untere Bärgündelealpe
1322
Glasfelder Kopf
2271
Obere Lich
Rottenhütte
1722
Klammhütte
1620
Bockkarscharte
2164
Kesselspitze
2283
Kuhblatt
In der Wanne
2088
Salober
2119
Pointhütte
1319
1476
Oberes Bärgündele
Melke (verf.)
Fuchsloch-wald
Schochen
2100
Lachenkopf
2111
Laufbacher Eck
2178
1918
1729
Ochsenalpe
Bergwachthütte
Bärgündeletal
Rotkopf
2194
In den Rinnen
Oberhof
Prinz-Luitpold-Haus
1846
2163
2314
Fuchskarspitze
Fuchsloch
Wiedemerkopf
2172
Balkenscharte
Salzboden
Oberes Tal
Im Kalten
Fuchsens
Zwerchwand
Auf der Sulz
Schneck
2268
2259
Oberhof
Laufbachstiege
Südliche Schönberghütte
1680
Im Gries
Kreuzkopf
2289
Kreuzspitze
Winkel
Fuchskar
2039
Himmeleck
2287
Weittalkopf
2367
Hochvogel
2593
Kuhkar
Himmelhorn
2111
2151
Untere Gutenalpe
1048
Prinzenkreuz
Untere Gutenalpe
Bockkar
Sulzschrofen
Vorderer Wilder
2240
0 600 m
1975
Kitzberg
Lichte
Geisbachtobel
2007
Himmelecksattel
Gamswanne
2073
Hochkopf
Wildenkar
Roßkar

39

Skitour

Schneck

Eindrucksvolle Skitour in den Allgäuer Hochalpen

DAUER	6h 30min
LÄNGE	26 km
HÖHENMETER	1.400 hm
TECHN. ANSPRUCH	SCHWER
EXPOSITION	Nordosten

Das erwartet dich ...

Beinahe unerreichbar scheint der Schneck mit seinen beeindruckend steilen Wänden in fast alle Richtungen zu sein. Tief versteckt am Allgäuer Hochkamm bietet dieser Klassiker der Allgäuer Bergwelt eine Skitour mit spektakulären Ausblicken. Diese Eindrücke sind nicht leicht verdient, sondern müssen durch den langen Talzustieg aus dem Hintersteiner Tal hart erarbeitet werden.

Start & Ziel & Anreise

Start der Tour ist Hinterstein, das kleine Bergdorf südlich von Bad Hindelang. Um unseren eigentlichen Skitouren-Start, das Giebelhaus, zu erreichen, nutzen wir die Busverbindung oder das Fahrrad, um die 8 Kilometer und rund 200 Höhenmeter durch das Hintersteiner Tal zurückzulegen.

Tourenbeschreibung

Neben der Höfats ist der Schneck einer der beeindruckendsten Berge der Allgäuer Berglandschaft. Der wahre Gipfel des Schneck ist nur über Kletterei im dritten Schwierigkeitsgrad erreichbar und birgt im Winter hohe Absturzgefahr und Ausgesetztheit. Daher besteigen wir den wenige Meter unterhalb liegenden Winter- oder Vorgipfel. Ab dem Giebelhaus folgen wir dem deutlich erkennbaren Fahrweg mit den Skiern in das Bärgündeletal bis zur Materialseilbahn des Prinz-Luitpold-Hauses auf 1.250 m üNN.

Nach der Pointhütte endet der Weg, die Richtung behält man aber weiter bei. Allmählich erscheint auf der rechten Seite eine steile Felswand (Zwerchwand). Dem Talboden weiter folgend an dieser vorbei, Blickrichtung immer auf einen weiteren Allgäuer Klassiker ausgerichtet, den Großer Wilder. Unterhalb seiner großen

Nordwand auf rund 1.600 Metern Höhe wechseln wir die Richtung und steigen den 400 Höhenmeter langen Osthang zum Himmelecksattel auf.

Auf 2.000 Metern Höhe befinden wir uns hier in der Scharte zwischen Schneck und Großer Wilder. Um auf den Gipfel des nun nordseitig liegenden Gipfels zu gelangen folgen wir unschwierig dem Gratverlauf. Dabei überschreiten wir das 2.152 Meter Hohe Himmeleck. Weitere rund 100 Höhenmeter weiter oben erreichen wir den Vorgipfel des Schnecks.

Für die Abfahrt können wir zuerst in den Südhang einfahren, überschreiten aber wieder auf 2.000 Metern Höhe den Sattel und fahren dann in den Osthang unterhalb ein. Zurück im Talboden des Bärgündeletals folgen wir unseren Aufstiegsspuren ohne großen weiteren Höhenverlust zurück zum Giebelhaus.

Autoren Tipp

Eine gute Ausgangslage für Touren im Bärgündeltal bietet das Prinz-Luitpold-Haus. Die bekannte Alpenvereinshütte thront rund 600 Höhenmeter über dem Tal. Möchte man den Schneck, Großer Wilder oder Laufbacher Eck entschärfen und von hier angehen, lohnt es sich zwei Tage einzuplanen. Das Gelände oberhalb der Hütte bietet am Aufstiegstag mit dem Glasfelderkopf oder der Kreuzspitze gute Skitourenberge. Für den zweiten Tag wird einem dann der lange Talzustieg des Schnecks erspart.

Gatterkopf 1673
1659 (verf.)
Weiße Platte
Obere Gatteralpe
Musberg 1481
Außerwaldalpe 1165
Hörnlebach
Hoch-wald
In der Ewigkeit
Hinterenge
910
Müllers Alpe
Seealpe (verf.)
Kühberg 1523
Alpengasthof Hörnlepass 1159
Klausenwald
1034
Fuchsloch-alpe
201
Mahdtalalpe 1497
Hölloch (Tiefe 76m)
Gatter 1117
1141
Waldhaus
Waldhaus-brücke 1039
Walser Alpele
Amansalpe 1344
Grafenkürenalpe
Höfleälpe 1190
Brandalpe
1152
Außerschwende
Straußberg
Au
Sonnenburg
Fatimakapelle
Schwand
Mittelalp 1350
(Alpsennerei)
Innerschwende
Unter-
Maria Hilf
Innerwesteggalpe
1925
Söll
Plattenau
Ober- 1067
Mahdtalhaus 1100
Kessel-schwand
Schwarzwasserbach
Westegg
Ober-
Bergstüble 1240
Schlappoldkopf 1968
1495
Schmalzboden
Wachauer Hütte
Unter 1064
Egg
Eberlehof
Loch
Walsermuseum
Riezlern
Wildruhegebiet im Winter
Außerkürenwald
Naturbrücke
Aubach-quelle
Ladstatt
Au
1145
Oberau
Wäldele
1119
Ober-seite
Kurpark
1086
Riezler Alpe 1526
NSG
1800
Schlappoldsee
Restaurant Fellhorn
Fellhorn 2038
Fellhorn-Gipfelstation (Bergschau-Info)
Fellh.-Gipfel 1780
Bruder Klaus-Kap.
Walserblick
Fuchsfarm
Parsennbahn (nur Winter)
Schwefelquelle
Zwerwald
Gehrentobel
Hinterberg
1967
Bergwachthütte
Obere Bierenwang-alpe 1737
NSG (nur Wi)
Wäldele
Windegge
Schöntalhof 1324
Bergschau-Zentrum Walserhaus
Letze
1403
Köpfle 1470
Kanzelwandbahn
Gehrenspitze 1857
Riezler Alpsee
(nur Wi)
Hirschegg
Heuberg-Sesselb.
1122
Leidtobelkap.
Säß 1296
Zwerenalpe
Panoramarest. Kanzelwand
Gundkopf 1948
(Bergschau-Info)
Gundsattel
Untergern
Obergern
Warmatsgun
Sölleralpe
Speicher-see
Dürenboden
Halde
Wildruhegebiet im Winter
Pfusertobel
1880
2058
Adler-horst
Kanzelwand (Warmatsgundkopf)
Obere Falkhalde
Roßgundalpe (verf.)
Wankalpe (verf.) 1378
Katzen-köpfe
Rohr
Tobel
Schwaben-hütte
Tiroler-hof
Nebenwasser
Brandalpe 1306
1910
Kuhgehrenspitze
Äußere Kuhgehrenalpe
1972
Walser Hammerspitze 2170
Kühgün 1745
Ahom
Alpen-blick
Wildentalhütte
Alpe Kuhgehren 1673
Hochgehrenspitze 2251
Oberstdorfer Hammerspitze 2260
Roßgü
Sonna Alp
Zafernalpe
Höfle
Wäldele
Wies
Wannenalpe (verf.) 1821
nur für Geübte
Roßgund.
Heubergalpe
Siguntalpe
Mittelberg 1215
Innere Wiesalpe 1298
Untere Wiesalpe 1290
Fluchtalpe 1390
2033 Fiderepass
Fiderepasshütte
2070
2214
Fiderescharte
Saubachel
Stütze
Beachvolleyball
Außerbödmen
1609
Vordere Wildenalpe 1674
Ochsenloch
Nördlicher Schafalpe 2320
Innerbödmen
Gemstelboden
Brunnenberg
Wildruhegebiet im Winter
Zwölferkopf 2224
2075
Hintere Wildenalpe 1777
Wilde Tobel
Schafalpenköpfe
Mittlerer Schafalpenkopf 2302
Große Wanne
Taufersbergalpe
0 500m
Tonisgemstelalpe 1239
Elferkopf 2387
Südlicher Schafalpenkopf 2272
2304
Scheidbichel 1681
Schmalzhalde

40

40

Skitour

Kanzelwand
Pistenskitour Plus

DAUER	4h
LÄNGE	9,5 km
HÖHENMETER	1.000 hm
TECHN. ANSPRUCH	LEICHT
EXPOSITION	Nordwesten

Das erwartet dich ...

Mehr als nur eine einfache Pistenskitour – bei der Tour auf die Kanzelwand wartet ein krönender Abschluss mit weiten Ausblicken. Die Beschneiung ermöglicht diese Tour meist schon früh in der Saison oder auch als Feierabendskitour.

Start & Ziel & Anreise

Das im Kleinwalsertal gelegene Riezlern erreicht man von Kempten über die B 19 in Richtung Süden. Vorbei an Sonthofen und Oberstdorf folgt man der Straße immer weiter über die Grenze hinein ins Kleinwalsertal nach Riezlern. Die Kanzelwandbahn liegt zentral im Ortskern, gegenüber der Talstation befindet sich der zugehörige Parkplatz, der Straße folgend weiter südlich sind weitere Parkmöglichkeiten.

Tourenbeschreibung

Die Tour auf die Kanzelwand ist technisch nicht anspruchsvoll, auch die Wegfindung ist denkbar einfach. Gerade vor Beginn der Skisaison, wenn die Schneekanonen schon laufen und für eine gute Grundlage im unteren Teil sorgen sowie nach der Saison lohnt sich ein Besuch der Kanzelwand. Aber auch bei kritischer Lawinenlage ist die Tour eine lohnende und vor allem sichere Alternative.

Zentral in Riezlern startet man parallel zum Kesslerlift. Die weitere Wegfindung ist durch die Piste keine Herausforderung, nur sollte man stets ein Auge auf die abfahrenden Skifahrer haben und am Rand der Piste aufsteigen. Mit Blick auf die Walser Hammerspitze windet sich die Piste erst südlich, dann östlich um den Fuß der Gehrenspitze. Das eigentliche heutige Ziel, die Kanzelwand, kommt indes erst spät ins Sichtfeld.

Man folgt der Piste vorbei an der Talstation der Zwerenalpbahn und weiter in einer lang gezogenen Linkskurve hinter der Berghütte Adlerhorst hinauf bis in eine Senke zwischen den deutlich erkennbaren Gipfelstationen der Bergbahnen. Auf diesem Plateau geht man nun rechts auf den Felskopf der Kanzelwand zu.

50 Meter nach einem kurzen Steilaufschwung macht man am besten ein Skidepot und folgt dem meist bereits ausgetretenen Pfad. Je nach Trittsicherheit und bei sehr hartgefrorenem Schnee kann hier das Anlegen von Steigeisen von Vorteil sein. Der Pfad führt südlich unterhalb des Gipfels entlang vorbei an Teilen des Klettersteigs bis in eine Scharte mit einem deutlich erkennbaren Wegweiser. Ab hier wieder nördlich in unschwierigem, teilweise mit Drahtseilen versichertem Gehgelände bis zum Gipfel, der einen schönen Rundumblick und eine gute Sicht auf Trettachspitze und Mädelegabel bietet.

Die Abfahrt erfolgt ab dem Skidepot über die Pisten des Skigebiets parallel zum Aufstieg.

Autoren Tipp

Guten Skifahrern bietet sich mit diesem Aufstieg ein einfacher und schneller Zugang zu den Hängen des Warmatsgundtals im Osten der Kanzelwand. Dazu von der Scharte unterhalb des Gipfels nach Südosten in die Hänge der Oberen Falkhalde einfahren und hinab zur Kühgundalpe. Danach erneuter Aufstieg entlang des Abfahrtshanges oder für einer Verlängerung der Tour in südwestlicher Richtung hinauf zur Fiderepasshütte (Übernachtung im Winterraum möglich) und Abfahrt über die Fluchtalpe nach Mittelberg.

GUT
ZU WISSEN

Unsere Skitouren-Hacks

Es geht auch einfacher

HACKS

SAISONSTART

Über 1.000 Höhenmeter, enge Waldpassagen und eisige Hänge sind etwas viel für die erste Tour, fange deswegen mit einigen gemütlichen Skitouren an und steigere dich langsam. Je nach Fitnesslevel können das über 800 Höhenmeter am Anfang sein oder auch 400. Außerdem empfehlen sich Pistentouren beim Saisonstart, um wieder ins Skifahren reinzukommen. Hör auf deinen Körper und überfordere dich nicht gleich am Anfang.

TAPE & KABELBINDER

Tape und Kabelbinder sind sehr gute kleine Helferlein in der Not: Dein Stock ist gebrochen? Dein Fell klebt nicht mehr? Dann ist das berühmte „Panzertape" ein wahrer Skitourenretter. Wenn deine Schnallen am Skischuh locker sind, dann helfen dir Kabelbinder weiter und du hast wieder Halt. Tape und Kabelbinder sind Helfer in der Not und kein Dauerzustand, also bringe deine Ausrüstung nach der Skitour wieder auf Vordermann.

WACHS

Die Strapazen des Aufstiegs liegen hinter dir und du freust dich auf eine schöne Abfahrt, aber der Schnee bleibt nach dem Abfellen am Ski kleben? Bei diesem Worst-Case-Szenario ist Wachs das A und O und rettet deine Abfahrt. Und auch beim Aufstieg hilft dir ein kleines Stück Wachs weiter: Wenn der Schnee an deinen Fellen aufstollt, gehe mit den Wachskanten vorsichtig und gegen den Strich darüber.

Endlich was Neues ausprobieren

Lust was Neues auszuprobieren?

WENN JA, HABEN WIR EIN PAAR VORSCHLÄGE FÜR DICH.

- **FIGLN:** Figln bzw. „Firngleiten" ist wohl die Lieblingsbeschäftigung der Tiroler im Frühjahr. Mit kurzen Skiern aus Leichtmetall oder Holz kannst du dich steile Rinnen hinunterstürzen.

- **WELLNESS IM ALLGÄU:** Was könnte schöner sein als nach einer langen Skitour zu „Wellnessen"? Möglich ist das zum Beispiel, umgeben von Bergen, in der Königlichen Kristall-Therme in Schwangau.

- **IGLU LODGE:** Übernachten im Igluhotel? Am Nebelhorn geht das sogar noch richtig komfortabel in der Iglu-Suite. Mit der Eisbar, den Fass-Saunen und einem Chill-out-Iglu lässt es sich gut leben auf 2000 Meter.

- **FUNKENFEUER:** Bei dem alten Brauch werden die bösen Wintergeister vertrieben und das auf recht spektakuläre Weise. Aufgeschichtetete Holztürme werden nach Einbruch der Abenddämmerung angezündet und der Nachthimmel wird im ganzen Allgäu erleuchtet.

Von Vorteil
FÜR MENSCH & NATUR

Nachhaltigkeit

BEIM SKITOURENGEHEN

Skitourengehen ist eine recht schonende Sportart für die Natur und unsere Umwelt, wenn wir einige wenige Dinge beachten. Denn das Gleichgewicht ist hier extrem sensibel: Jedes zurückgelassene Papierchen in schönster Umgebung, jede Plastikwasserflasche oder auch noch so tolle Outdoorjacke, dafür voll von chemischen Inhaltsstoffen, fallen ins Gewicht. Folgende fünf Punkte geben euch einen kurzen Überblick, was ihr für euch und die Natur tun könnt. Denn Umweltschutz betrifft uns alle, schließlich haben wir nur eine Erde und mit dieser sollten wir behutsam und respektvoll umgehen.

Und das kannst du machen ...

Green-Guide

01 **Nachhaltigkeit beginnt schon bei der Anreise:** Je mehr Menschen mit dem Auto fahren, desto mehr CO_2-Ausstoß und desto mehr umweltschädlichen Gummiabrieb der Reifen gibt es. Doch viele Ausgangspunkte sind auch gut mit den öffentlichen Verkehrsmitteln zu erreichen. Also einfach mal das Auto stehen lassen. Oder Fahrgemeinschaften bilden.

02 **Keine Einwegflaschen:** Gerade das Trinken ist auf Skitouren wichtig. Doch sollte man aus Rücksicht zur Natur und sich selbst zuliebe auf Einwegflaschen aus Plastik verzichten und lieber seine eigene Trinkflasche mitnehmen.

03 **Kein Verpackungsmüll:** Die Verpflegung für den Hunger zwischendurch ist mindestens genauso wichtig wie das Trinken. Brotdosen bieten sich zum Transport von Proviant an oder einfach alles in ein Bienenwachstuch einwickeln.

04 **Tourenausrüstung leihen:** Gerade beim Ausprobieren einer Sportart muss nicht gleich alles neu gekauft werden, was dann vielleicht im Keller landet. Manche Ausrüstungsgegenstände können auch erst einmal ausgeliehen werden. Auch ist es nicht notwendig, jedes Jahr ein neues Outfit zu kaufen. Achtet ihr schon beim ersten Kauf auf Qualität, macht sich das bemerkbar, denn qualitativ hochwertigere Produkte begleiten uns oft jahrelang.

05 **Weniger ist mehr:** Oft findet sich die schönste Natur in unmittelbarer Nähe. So muss es nicht immer die weit entfernte Gebirgskette sein. Auch Ziele, die aufgrund ihrer Bekanntheit an Wochenenden und in den Ferien total überlaufen sind, freuen sich über ein paar Besucher weniger. Weniger bekannte Ziele haben auch ihren Reiz und warten nur darauf, entdeckt zu werden.

NACHWORT

Und jetzt? Haben dich die Tourenvorschläge motiviert loszustarten oder willst du ein langersehntes Wunschprojekt umsetzen? Dann schnapp dir deine sieben Sachen uns los geht's! Bei uns findest du neben dem Skitourenführer **Endlich Winter Allgäuer Alpen** auch die richtigen Karten für dein Projekt.

Die vorgestellten Skitouren in diesem Buch sind eine Auswahl, getroffen von den Autoren Felix und Benedikt. Wir bedanken uns bei ihnen, dass sie diese mit uns teilen. Die vorgestellten Skitouren reichen von leichten Einsteigertouren bis hin zu sehr schweren Touren, bei denen viel Erfahrung und alpinistisches Können notwendig ist. Schätze dein Wissen, Können und deine Erfahrung richtig ein und auch das deiner Skitourenfreunde. Wenn ihr in der Gruppe unterwegs seid, ist Kommunikation das A und O. Beherzigt das Motto „better safe than sorry", bevor ihr startet. Jetzt geht es aber los ins „Winterwonderland" der Allgäuer Alpen, KOMPASS-Karten wünscht euch viel Spaß dabei!

GEDANKEN SPEICHER

Autor bzw. Autorin deiner Abenteuer bist du. Halte sie in unserem neuen Ski-Tourenbuch fest und mach deine Touren unvergesslich.
Titel: **KOMPASS Winter & Skitourenbuch**

Endlich Winter

© KOMPASS-Karten GmbH

Karl-Kapferer-Straße 5, A-6020 Innsbruck

1. Auflage 2023 (23.01)
Verlagsnummer 3525
ISBN 978-3-99121-374-1

Konzept und Bildnachweis

Konzept & Gestaltung: © KOMPASS-Karten GmbH

Projektleitung: Hannah Geuder

Text und Fotos (soweit nicht anders angegeben):
© Benedikt Kolkmann und Felix Röder

Grafische & Kartografische Herstellung:
© KOMPASS-Karten GmbH

Kartengrundlage: © KOMPASS-Karten GmbH unter
Verwendung von OpenStreetMap Contributers
(www.openstreetmap.org)

Titelbild: Die Abfahrt vom Rangiswanger Horn;
© Benedikt Kolkmann und Felix Röder

Weiterer Bildnachweis:
S.6/7: © larauhryn - stock.adobe.com
S.17, Umschlag innen hinten: © Thomas Kargl
S.18, Umschlag außen hinten: © Bergwelten
Magazin/Zechány
S.57: © Bernd S. - stock-adobe.com
S.71: © rado1979 - stock-adobe.com
S.79: © runner77 - stock-adobe.com
S.97: © Thomas Neumahr - stock-adobe.com
S.137: © Andreas P - stock-adobe.com
S.169: © KK imaging - stock-adobe.com
S.173: © Stephan Karg - stock-adobe.com
S.177: © Stefan Schurr - stock-adobe.com
S.181: © Andie_Alpion - stock-adobe.com
S.185: © Wilfried Wirth - stock-adobe.com
S.187: © m_haberstock - stock-adobe.com
S.207: © Dozey - stock-adobe.com
S.210/211: © Roman Huber

IMPRESSUM

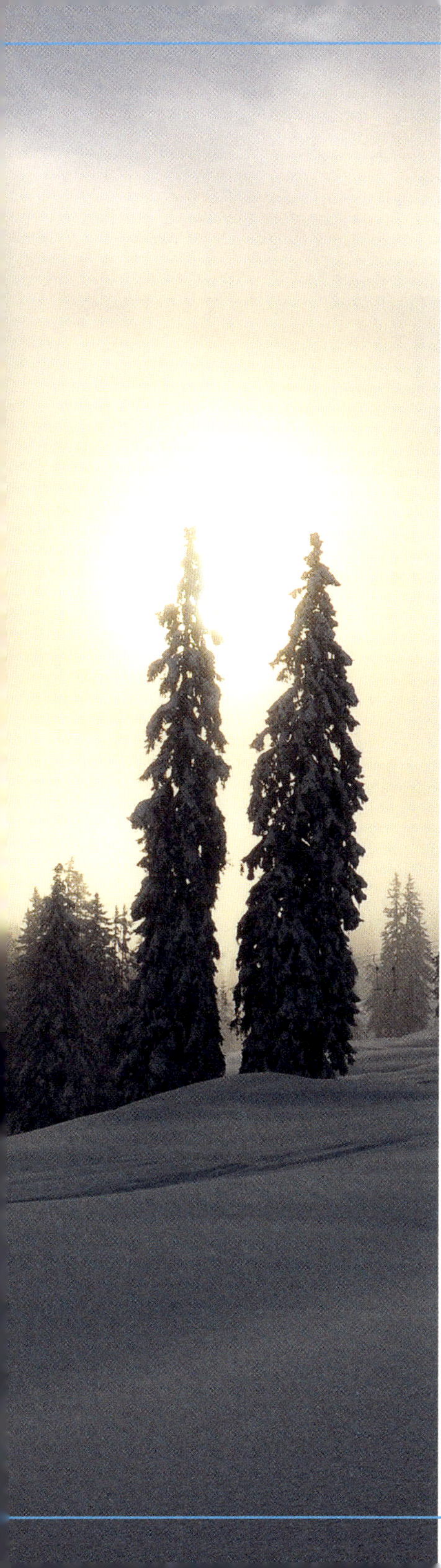

Alle Angaben und Routenbeschreibungen wurden nach bestem Wissen gemäß unserer derzeitigen Informationslage gemacht. Die Skitouren wurden sehr sorgfältig ausgewählt und beschrieben, Schwierigkeiten werden im Text kurz angegeben. Es können jedoch Änderungen an Wegen und im aktuellen Naturzustand eintreten. Skitourengeher und alle Kartenbenützer müssen darauf achten, dass aufgrund ständiger Veränderungen die Wegzustände bezüglich Begehbarkeit sich nicht mit den Angaben in der Karte decken müssen. Bei der großen Fülle des bearbeiteten Materials sind daher vereinzelte Fehler und Unstimmigkeiten nicht vermeidbar. Die Verwendung dieses Führers erfolgt ausschließlich auf eigenes Risiko und auf eigene Gefahr, somit eigenverantwortlich. Eine Haftung für etwaige Unfälle oder Schäden jeder Art wird daher nicht übernommen. Für Berichtigungen und Verbesserungsvorschläge ist die Redaktion stets dankbar. Korrekturhinweise bitte an folgende Anschrift:

KOMPASS KARTEN GMBH
Karl-Kapferer-Straße 5, A-6020 Innsbruck
www.kompass.de/service/kontakt

FSC www.fsc.org
MIX
Papier aus verantwortungsvollen Quellen
FSC® C018236

Deine Orientierung

Hallo!
Ich bin deine Anleitung wie du zu den GPX-Tracks aus deinem neuen Buch kommst. Damit kannst du dir die Route in Outdoor-Apps und Navigations-geräte laden. Scann den QR-Code oder gehe auf folgende Webseite:

www.kompass.de/gpx

Für Navigationsgeräte und Apps haben wir auf unserer Webseite alle Touren im GPX-Format zum Download bereitgestellt:
Hier findet man alle weiteren Informationen. Einfach das richtige Produkt auf der Seite auswählen, die Daten herunterladen und auf das Zielgerät oder in die gewünschte App importieren.

Was ist ein GPX-Track? GPX ist ein Datenformat für Geodaten. Das Wort GPS steht für Global Positioning System (Globales Positionsbestimmungssystem). Mit einem GPX-Track bekommt man die rote Linie, also den Wegverlauf, als geografische Koordinaten.

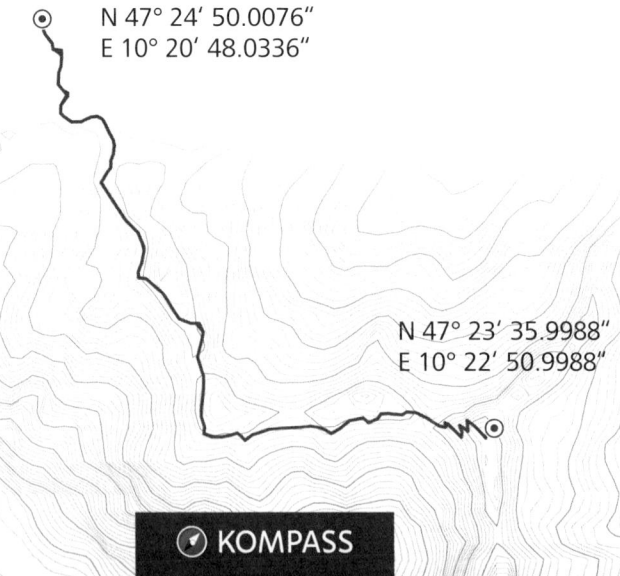

N 47° 24′ 50.0076″
E 10° 20′ 48.0336″

N 47° 23′ 35.9988″
E 10° 22′ 50.9988″

KOMPASS